日本の最も美しい赤レンガの名建築

75
Most Beautiful
Brick
Architectures
in Japan

X-Knowledge

Contents

Part 1 関東

Part 2

北海道・東北

Part 3

中部

Part 4 近畿

Part 5 四国・中国・九州

本書の見方

重文

東京都 千代田区

法務省旧本館《ほうむしょうきゅうほんかん》

（旧司法省庁舎）

ビル群が建ち並ぶ官庁街に歴史の重みを感じさせる風貌

皇居側から見た外観。現在は、法務総合研究所、法務図書館として使用されている。

国家の中枢、中央省庁が集まる東京・霞が関にひと際目を引き異彩を放つ赤煉瓦建築物がある。江戸時代の米沢藩上杉家藩邸（上屋敷）跡地に建つ、法務省旧本館である。

明治19（1886）年、政府は大規模な官庁集中計画を立案。実際に建てられたのは2棟のみで、その1棟がこの建物である。

ドイツ人建築家ベックマンとエンデ両氏の設計による煉瓦造り3階建て。スレート葺きの屋根上にあるドーマー窓や突針《とっしん》の装飾、交差ヴォールト様式を取り入れた通称「こうもり天井」など、ドイツのネオ・バロック様式の特徴をもつ。計画から7年の歳月をかけ明治28（1895）年に竣工。煉瓦は日本煉瓦製造（p46）のものと小菅集治監《こすげしゅうちかん》（*1）で作られた小菅煉瓦（*2）との2種類を使用、基礎部分にはドイツ製のセメントが使われている。

大地震を乗り越えて

この当時の煉瓦は、川沿いの砂や粘土が混じった作土《つくど》を混ぜていたので粘りがあった。また、この建物は煉瓦積みの中に鉄を埋め込むなど耐震性に優れた構造であったため、大正12（1923）年の関東大震災でも被害を受けることはなかった。

なお平成6（1994）年12月、外観のみだが重要文化財に指定された。

屋根には存在を誇るように突針の装飾が施されている。

通称「こうもり天井」と呼ばれる交差ヴォールト様式が取り入れられているベランダ。

皇居

桜田門駅

警視庁

メトロ有楽町

法務省旧本館

1

301

0 200m

●所在地：千代田区霞が関1-1-1
●電話：03-3592-7911
●アクセス：東京メトロ有楽町線「桜田門駅」より徒歩約1分

*1：明治時代に設けられた囚人の収容施設（監獄の一種）で、現在の東京拘置所の敷地にあった（東京都葛飾区小菅1-35-1）。
*2：元々は、明治5（1872）年に小菅村に設立された煉瓦製造所が製造した煉瓦のこと。イギリス人技術者ウォートルスの指導により良質の煉瓦を大量に製造できるようになった小菅煉瓦製造所は、明治12（1879）年、政府による買い上げで官営となり、集治監内部で煉瓦を製造するようになった。

— 21　●写真提供：高橋映次、法務省

Staff

写真提供：ピクスタ、アマナイメージズ
企画：土金哲夫
イラスト：宇田川のり子、長岡伸行
ブックデザイン：細山田デザイン事務所（米倉英弘＋鈴木あづさ）
印刷・製本：図書印刷

煉瓦《れんが》の世界史・日本史

煉瓦はいつ頃、どこの国で生まれ、広まったのか。建築材料としての煉瓦の歴史を駆け足でたどってみよう。

古代メソポタミア文明で使用されていた

古代の建築物は、突き詰めていくと「木」と「石」と「土」、この３つの素材でできている。そして粘土に砂などを混ぜた「土」を型に入れ、天日や火で固めた（あるいは圧縮した）ものが煉瓦である。

煉瓦が建築材料として最初に使われたのは、現在のイラクの一部であるチグリス川とユーフラテス川の間の沖積平野に栄えた「古代メソポタミア文明」の時代といわれている。さかのぼること６０００年前、日本史に当てはめると縄文時代の話である。

紀元前４０００年から約１０００年間は乾燥させただけの「日干し煉瓦」を使用していた。やがて断熱性や耐久性、防寒性に優れ、装飾もしやすいという特徴をもつ焼成《しょうせい》煉瓦が使用されはじめ、大型建造物の外壁仕上げに使われるようになったといわれる。

メソポタミアで生まれた煉瓦は、やがてエジプトに伝わった。最も古いとされるピラミッドの中には壁の内側に乾燥煉瓦を使用し、外側を石で仕上げたものがある。なおエジプトで使われた煉瓦のサイズは、現在のものに非常に近いという。メソポタミアからエジプトに伝わった煉瓦、煉瓦技術はやがて、地中海沿岸からインド、中国に伝わったと考えられている。

一方ヨーロッパでは、煉瓦の生産技術はローマから広がったようである。その後、煉瓦造りの建築物は大型化し、威風堂々とした大聖堂などにも煉瓦を見ることができる。

イギリスに残る煉瓦造りの近代建築

イギリス・ロンドンに建つカトリック教会、ウエストミンスター大聖堂は1903年に完成した煉瓦造りの建物。ビザンチン様式建築で、大時計塔は高さ83mを誇る。

文明開化と煉瓦

では日本ではどのように煉瓦が広がったのか振り返ってみよう。最初に断っておきたいが、煉瓦は「レンガ」と片仮名で書く場合があるため外来語かと思われるが、純然とした日本語であって英語ではbrick(ブリック)という。

日本で最初期の煉瓦建築物は幕末に造られた反射炉である（P84）。反射炉用に耐火煉瓦を製造することからその歴史ははじまった。

煉瓦が本格的に使われるのは幕末から明治初期にかけての文明開化の時代で、明治３（１８７０）年に日本初の煉瓦製造工場が、現在の大阪府堺市に設立された。

２年後の明治５（１８７２）年、東京・銀座から築地一帯が大火災に見舞われる。これを契機に煉瓦による不燃化された街づくりが行われた。銀座煉瓦街の誕生である。この街の建設にあたり必要となった大量の煉瓦は、東京・小菅集治監《こすげしゅうちかん》（現在の東京拘置所）の煉瓦製造工場で作られたものだ。その後、明治21（1888）年には政府の意向を受けた渋沢栄一らによって日本煉瓦製造（P46）が設立され、埼玉・深谷《ふかや》で操業を開始。ここで製造された煉瓦は東京駅丸の内駅舎などで使われた。

権威の象徴的建物も大地震には弱かった

明治期、文明開化を象徴する建築物として建てられた煉瓦建築物。現存する建物を見ていると、法務省旧本館など政府庁舎や金融機関の行舎、陸海軍の軍事物資倉庫、旧帝国大学やナンバースクール（*）の校舎など学識・学問施設など権威や権力などの色合いが強い建築物が多いようである。

だがしかし、煉瓦建築物には致命的な弱点があった。地震で崩れやすいということである。

明治24（1891）年、美濃・尾張地方で日本史上最大の内陸型地震が発生。この濃尾地震で煉瓦造りの2階建て建物は壊滅的な被害を受けた。これを受け、煉瓦造り3階建ての予定であった京都国立博物館も平屋建てに設計変更された（P102）。また大正12（1923）年に発生した関東大震災でも煉瓦造りの洋館などが倒壊。「十二階《じゅうにかい》」の愛称で親しまれていた東京・浅草の凌雲閣《りょううんかく》も崩れ落ちるなど、大きな被害を被った。

こうした大規模地震の発生により煉瓦造りは、小規模建物以外では用いられなくなった。一方、煉瓦建築の制限は、鉄骨鉄筋コンクリート造（SRC造）という新たな建築構法を考案することにつながった。

現在、残っている煉瓦建築物は震災や戦災を逃れたものに耐震改修などを施し修復、復元したものが多い。いずれも明治維新以後、150年を見つめてきた歴史の証人である。

今も残る明治・大正期の煉瓦建築

東京・霞が関に建つ煉瓦造りの建物は法務省旧本館。明治28（1895）年竣工。

濃尾地震を受け、平屋建てになった京都国立博物館。明治30（1897）年竣工。

岩手県盛岡市に残る岩手銀行旧本店。約91万個の県内産煉瓦を使用。明治41（1908）年の竣工。

石川・金沢に3棟が残る旧金沢陸軍兵器支廠（ししょう）兵器庫。明治42～大正3（1909～1914）年竣工。

地震で失われた煉瓦建築

大正12（1923）年発生の関東大震災で倒壊した東京・浅草の凌雲閣。地震大国でもあるわが国では、以後、煉瓦を使用した建築物は制限されるようになった。

*：旧制高校では第一高等学校から第八高等学校までをいう。校名に設立順を示す数字が入った学校のこと。

煉瓦建築・人物伝

本書で紹介する赤煉瓦建築物を設計した３人の代表的な建築家に触れてみよう。

日本近代建築の父
辰野金吾《たつのきんご》

赤煉瓦と白い花崗岩を組み合わせた「辰野式建築」の生みの親が辰野金吾。重厚で趣のある建物の設計を手掛けた、近代日本を代表する建築家である。

嘉永７（１８５４）年、現在の佐賀県唐津市に生まれた辰野は、当時の日本政府が招いたイギリス人建築家ジョサイア・コンドルに師事した後、イギリスに留学。コンドルの師、ウィリアム・バージェスの事務所で修業を重ね、明治16（１８８３）年帰国。その後、工部大学校（現在の東京大学工学部）の教授となり、建築教育に専念、数多くの人材を育て上げた。

辰野は日本銀行本店・支店（Ｐ１３）や岩手銀行旧本店（Ｐ74）など金融機関の行舎などを数多く手掛けたが、ジャンルを問わずさまざまな建築物の設計に携わったことでも知られる。それは、代表作ともいえる東京駅丸の内駅舎（Ｐ14）をはじめ、南海電鉄浜寺公園駅駅舎、奈良ホテル、武雄《たけお》温泉新館・楼門、旧松本家住宅洋館など多岐にわたっている。

明治から大正にかけて多くの建築家が辰野の作品を模倣したこともあり、「日本近代建築の父」との称号がふさわしい建築家である。

ちなみに出身地の唐津市には、辰野が監修しその愛弟子が設計した辰野式建築・旧唐津銀行本店（Ｐ１４８）が残る。２０１８年、この建物を通称「辰野金吾資料館」にするよう市に働きかける署名運動がはじまったそうだ。

明治建築界三大巨匠の一人
妻木頼黄《つまきよりなか》

辰野金吾の後輩にあたる妻木頼黄は、辰野とともに明治建築界の三大巨匠（*1）の一人に数えられる。

安政６（１８５９）年、幕臣旗本の長男として誕生。３歳のとき父親が没したため当主となったが、17歳になった明治９（１８７６）年、家屋敷を売り払い渡米。２年後に帰国し、工部大学校造家科（のちの東大建築学科）に入学、ジョサイア・コンドルに学ぶ。

その後、中途退学しアメリカに留学。コーネル大学で学位を取得して明治18（１８８５）年に帰国、東京

辰野金吾と代表作

明治 40（1907）年に建てられた木造の南海電鉄浜寺公園駅駅舎（大阪府堺市）。

明治 29（1896）年竣工の日本銀行本店（東京都中央区）。煉瓦造石貼り。

大正 3（1914）年、出身地である佐賀県武雄市に建てられた武雄温泉の楼門。木造。

明治 42（1909）年竣工の奈良ホテル（奈良県奈良市）。「西の迎賓館」と呼ばれた。木造。

「日本近代建築の父」ともいわれる辰野金吾。彼が設計した建物は「辰野式」と称されている。

大正 3（1914）年竣工の東京駅。開業 100 周年を目前、完全復原され、開業時の姿が甦った。

府に職を得る。さらにドイツに留学するなど、海外で学んだことが妻木の設計に大きな影響を与えることになった。

旧門司税関庁舎（P147）や横浜赤レンガ倉庫（P40）、旧醸造試験所第一工場（P31）など大蔵省関連の施設建築の設計で知られるが、このような官庁建築物に留まることなく旧横浜正金《しょうきん》銀行（現在の神奈川県立歴史博物館）、旧カブトビール工場（現・半田赤レンガ建物、P96）など幅広いジャンルの設計を手掛けている。

また明治44（1911）年に完成した、道路網の起点となる石造二連アーチ橋の日本橋（東京）も妻木の設計である。

妻木頼黄と代表作

数多くの官庁建設を手掛けた妻木頼黄。妻木の設計には、アメリカやドイツで学んだことが影響しているといわれている。

明治33（1900）年竣工の旧横浜正金銀行。現在は神奈川県立博物館として利用されている（横浜市中区）。煉瓦および石造。

日本の道路網の起点、日本橋（東京都中央区）は明治44（1911）年に架け替えられた19代目の橋。石造。

明治36（1903）年竣工の旧醸造試験所第一工場（東京都北区）。ドイツのビール工場を参考にしたとも。

明治45（1912）年、初代税関の火災焼失後に建てられた2代目門司税関庁舎（福岡県北九州市）。

明治44（1911）年竣工の横浜赤レンガ倉庫（横浜市中区）。もとは横浜税関の保税倉庫だった。

天主堂を残した仏教徒
鉄川与助《てつかわよすけ》

現在、日本全国には約1020棟のカトリックの教会堂が存在するといわれている。そして全体の約13%にあたる130棟ほどが長崎県に集中する。記録によれば、そのなかの20棟（*2）を設計したのが、棟梁・鉄川与助である。

鉄川は、明治12（1879）年、長崎・五島列島の中通島《なかどおりじま》で、富江藩（五島藩支藩）の御用大工を務める家系に生まれた。20歳のとき、フランス人A・ペルー神父の指導のもと天主堂（教会堂）を手掛けていた野原棟梁に出会い、学んだことを契機に、教会建築と深く関わるようになった。晩年の聞き取りによれば、教会建築に必要なリブ・ヴォールト天井の架構や幾何学などは神父から学んだという。さらに32歳のとき、フランス人ド・ロ神父に指導を受け、その技量が向上した。

このようにして教会建築に必要なことを学んだが、特筆すべきは、ほぼ独学ともいえる努力によって高度な建築学を習得していることである。

鉄川が設計した教会は、煉瓦造、木造、石造、鉄筋コンクリート造とさまざまだが、青砂ヶ浦天主堂と、田平天主堂（P152）が国の重要文化財に指定されている。

鉄川与助と代表作

長崎県で20棟もの教会堂を設計した鉄川与助。フランス人神父らから教会建築に必要なことを学び、かつ独学で知識を集積、後世に残る教会建築物をつくった。

鉄川の故郷・中通島に建つ青砂ヶ浦天主堂（長崎県上五島町）。明治43（1910）年の竣工。

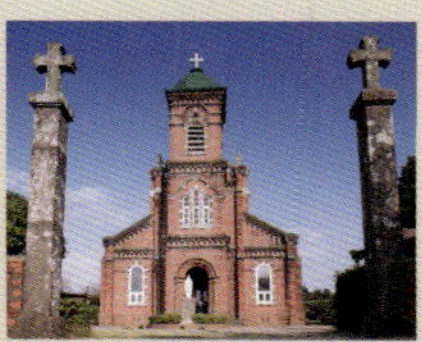

大正7（1918）年に建てられた田平天主堂（長崎県平戸市）。信者による募金と献身的な奉仕によって完成した。

*1：辰野金吾、妻木頼黄と山口県（当時の長州藩）出身で赤坂離宮、京都国立博物館（P102）などを設計した片山東熊の3人を指す。
*2：建て替えのため現存していないものもある。

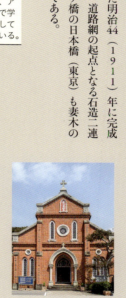

5分でわかる煉瓦建築物の見方

知っておくと赤煉瓦建物の楽しみ方や味わいが増す、そんな4つの基本的な「建築知識」を紹介する。

建築には様式がある

日本古来の伝統的建築物や民家にも「様式」があるが、煉瓦建築物の様式は日本の建築物にはないものである。本書で紹介する建物の代表的な建築様式を見てみよう。

[ビザンチン様式]

6世紀頃を頂点とする建築様式で、大型のドームとモザイク画による装飾が特徴。

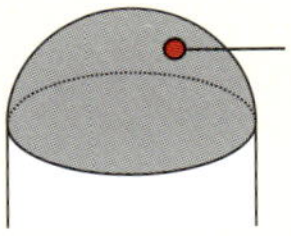
半円球の屋根や天井をドームという

[ロマネスク様式]

11〜12世紀、ヨーロッパに広がる。厚い壁と小さな窓、半円形アーチ、ヴォールトが特徴。

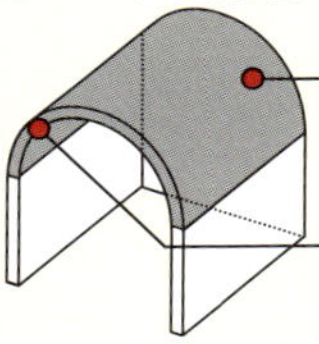
ヴォールトとはアーチ構造を利用した屋根や天井のこと
半円形のアーチ

[ゴシック様式]

12〜15世紀末に広がり、各国でアレンジされる（イギリス・ゴシック、アメリカ・ゴシックなど）。リブ・ヴォールト（*）や尖頭アーチ、フライング・バットレスが特徴。

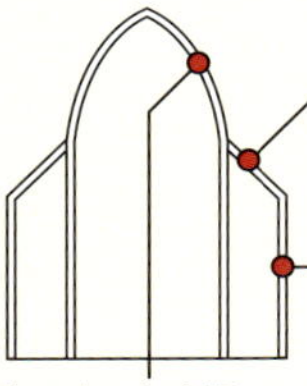
飛び梁（フライング・バットレス）でヴォールトの横圧を控え壁に流す
控え壁（バットレス）
先の尖った尖頭アーチ

[ルネサンス様式]

15〜16世紀にヨーロッパで開花し、古代ギリシア・ローマ建築を規範とする。半円形アーチやドーム屋根が特徴。

[チューダー様式]

16世紀、イギリスで流行した後期ゴシック様式。チューダー・アーチ（❶）やハーフティンバー（❷）などが特徴。

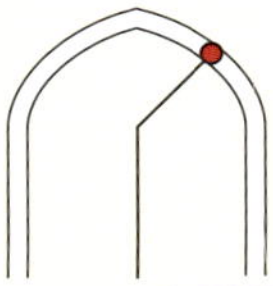
尖頭アーチを扁平させたようなチューダー・アーチ

柱や梁といった骨組みを見せ、壁は煉瓦などで仕上げるハーフティンバー

[バロック様式]

17世紀頃盛んに。曲線や楕円を多用し、過剰な装飾が特徴。

[ネオ・バロック様式]

19世紀後半、帝国主義的ナショナリズムを顕示として現れた、バロック様式のリバイバル。過剰な装飾が特徴。

[クイーン・アン様式]

19世紀後半、イギリスで流行。赤煉瓦の壁に白の窓枠、煉瓦積みの煙突、ハーフティンバー、アシンメトリーなどが特徴（❸）。

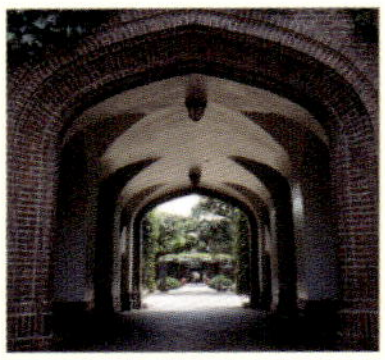

❶中央部がやや尖った形状が特徴の「チューダー・アーチ」（P22）。

❷ハーフティンバー様式が特徴の「半田赤レンガ建物」（P96）。

❸クイーン・アン様式の意匠が特徴的な「同志社大学・ハリス理化学館」（P106）。

*：交差ヴォールトの下部をリブで補強したもの。

煉瓦の大きさ・積み方にも法則あり

煉瓦は赤い普通煉瓦のほか、白い耐火煉瓦がある。煉瓦の大きさは国・地域・時代によって違いがあるが、職人がもちやすい大きさに統一されていることが多い。積み方は5つに大別されるが、荷重を分散させるため、縦方向の目地（継ぎ目）がまっすぐに通らないようにする。目地材にはセメントなどを用いる。

[煉瓦のサイズ]

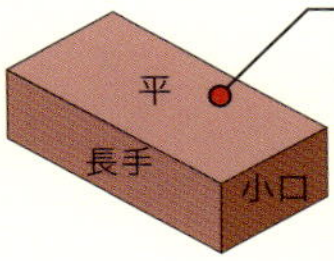

日本では210×100×60㎜、イギリスでは215×112.5×75㎜、アメリカでは203×102×57㎜のものが広く使われている。

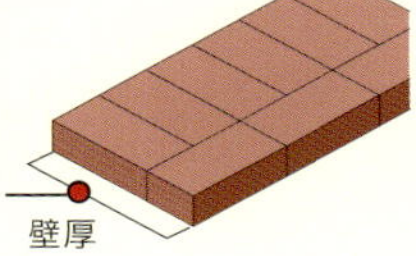

煉瓦壁の厚さは「○枚積み」という。図の壁は1枚半積みで、壁厚は310㎜になる。

[イギリス積み]

1つの段は煉瓦の長手、次の段は小口というように、交互に積み上げる（オランダ積みも基本的に同様だが、端部に使う煉瓦が異なる）。

[フランス積み（フランドル積み）]

同じ段で長手と小口を交互に積む。上下段で長手と小口の中心はそろえる。

[アメリカ積み]

長手だけで数段積み、小口だけの段を1段入れる。これを繰り返す積み方。

[ドイツ積み（小口積み）]

表面に小口だけが現れるように積む。

[長手積み]

表面に長手だけが現れるように積む。

洋風外観に合う3つの屋根形式

本書で取り上げた赤煉瓦建築には、スレートや銅板のほか、和瓦を屋根葺き材に用いたものも多い。屋根の形は次の3つが多く見られる。

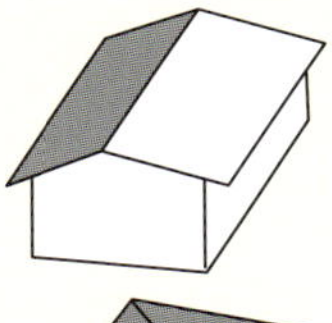

[切妻《きりづま》屋根]

2つの斜面で構成されるシンプルな屋根。棟に直行する壁面を妻、平行する壁面を平（ひら）という。

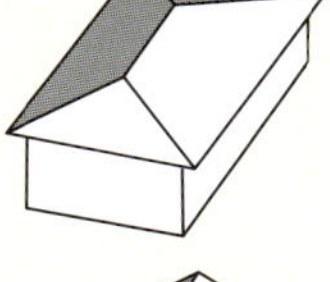

[寄棟《よせむね》屋根]

4方向に傾斜している屋根。切妻屋根に次いでポピュラーな形状。

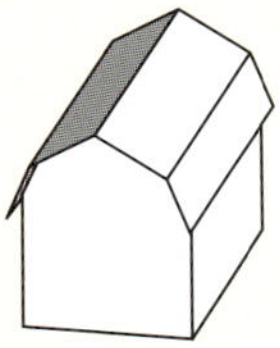

[マンサード屋根]

腰折れ屋根ともいい、勾配が2段階になっている（上段が緩く、下段が急）

小屋組みで屋根を支える

屋根を支える小屋組みには和小屋とトラスを組む洋小屋がある。梁間の大きい、大規模建築には洋小屋が適している。

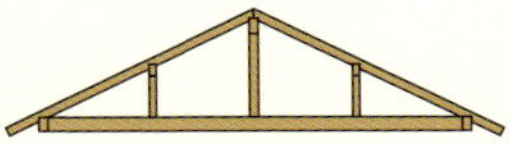

[和小屋]

小屋梁に束を立て、母屋を並べる。日本の民家などに多く見られる。

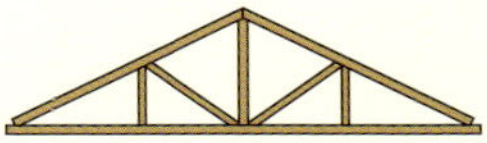

[キングポストトラス]

中央に真束を立てトラスをつくる。山形をなすトラスの大半に用いられている。

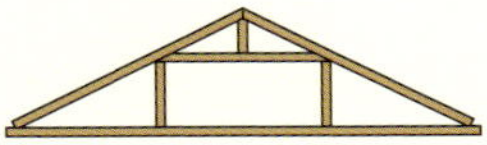

[クイーンポストトラス]

中央に対束と呼ばれる2本の束を立て、トラスをつくる。

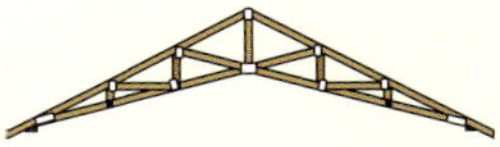

[シザートラス]

天井面を構成する下弦材に勾配をもたせた形式で、室内空間を広く見せる効果がある。

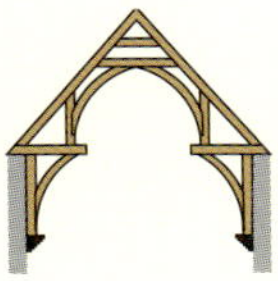

[ハンマービームトラス]

壁の上端から突き出した片持ち梁（ハンマービーム）とアーチで、屋根を支える

Part 1

関東

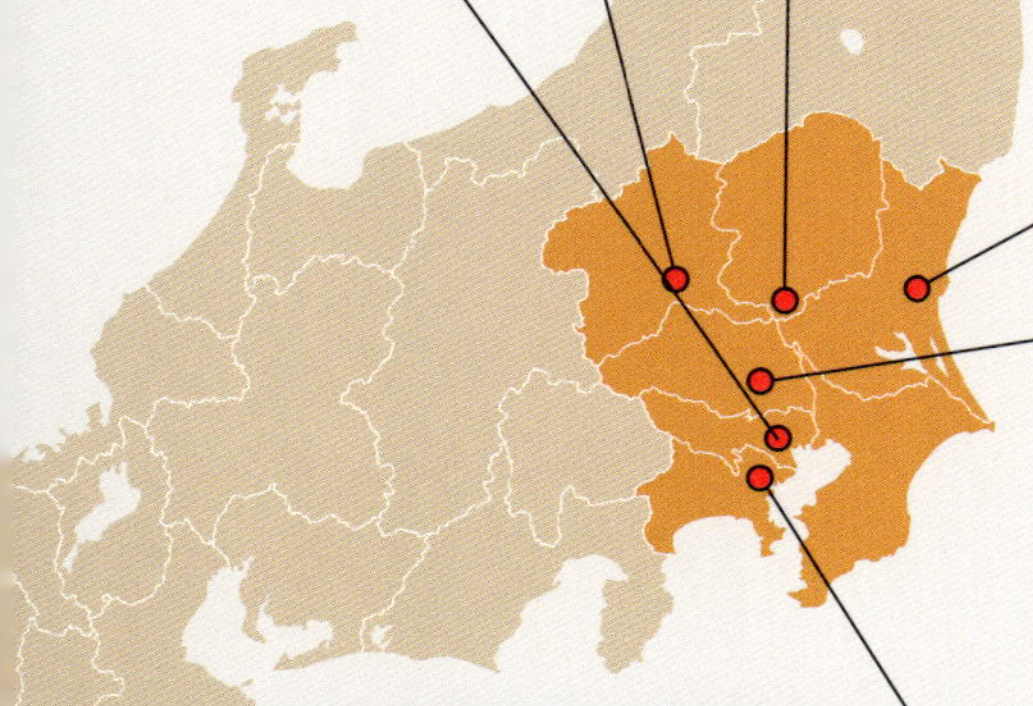

群馬県

旧富岡製糸場

国家の発展を担った、明治期の殖産興業を代表する建築物。

碓氷第三橋梁

煉瓦造りとしてはわが国最大の橋梁。

横利根閘門

水位の異なる二つの川をつなぐ、わが国最大規模の閘門。

栃木県

旧下野煉化製造煉瓦窯

煉瓦の原料と水運に恵まれた地に残る。

茨城県

牛久シャトー旧醸造場施設

ボルドー地方の技術を用いた、日本初の本格的ワイン醸造場。

埼玉県

日本煉瓦製造 旧煉瓦製造施設

明治の煉瓦建築物建設を支えた煉瓦製造施設。

荒川橋梁

長瀞渓谷を横断する全長153mの鉄道橋は柱脚が煉瓦造り。

神奈川県

横浜赤レンガ倉庫

「ハマの赤レンガ」として親しまれている倉庫群。

東京都

旧三河島汚水処分場
喞筒場《ぽんぷじょう》施設

わが国初の近代汚水処理場。

立教大学
本館・礼拝堂ほか

数多くの煉瓦建築物が残る池袋キャンパス。

東京駅丸の内駅舎

創建時の姿を復原した駅舎は代表的な辰野式建築。

旧醸造試験所第一工場

ドイツのビール工場を参考に造られた工場。

東京藝術大学
赤レンガ1・2号館

「文化の杜」に建つ東京最古の赤煉瓦建築物。

三菱一号館美術館

日本最初のオフィス・ビルを復元した建物。

北区立中央図書館

軍需施設の痕跡が多い、東京・北区に残る煉瓦建築物。

東京都国立近代美術館
工芸館

皇居そばに残る天皇を守る旧近衛師団司令部を利用。

法務省旧本館

霞が関の一画に建つネオ・バロック様式の建物。

ガスミュージアム

ガスと生活の関わりがわかる２棟の建物。

猿島砲台跡

周囲1.6kmの無人島に残る旧陸軍が建造した砲台と関連施設。

横浜市開港記念会館

市民の寄付と公募デザインで造られた公会堂。

重文

東京都千代田区

東京駅丸の内駅舎《とうきょうえきまるのうちえきしゃ》

全長335m、高さ35mを誇るルネサンス様式（*1）の東京駅丸の内駅舎は、日本を代表する近代建築家・辰野金吾《たつのきんご》設計によるもの。「辰野式」と称される赤煉瓦建築物の代表作である。

大正3（1914）年の開業以来、関東大震災や戦火に見舞われながらも壊滅的な破壊を受けることはなかった。昭和22（1947）年にかけて再建されたが、その工事は復原（*2）ではなく、あくまでも修復であり、その後の姿は創建時のものとは違っていた。

そして半世紀が経過した平成19（2007）年、創建時の姿に復原する本格的な工事がはじまった。優美な姿によみがえったのは、開業100周年を目の前にした平成24（2012）年。

精緻に積み上げられた化粧煉瓦、煉瓦の美しさを際立たせる覆輪目地《ふくりんめじ》（P17）、赤い煉瓦と白い花崗岩《かこうがん》、擬《ぎ》石漆喰《せきしっくい》塗りの鮮やかなコントラスト、半円アーチの窓、円形の時計、堅牢な正面玄関、柱型装飾、両翼のドーム。東京駅は、どこまでも荘厳で、優雅で、美しい。

東京駅にはビル群が建ち並ぶ八重洲側と皇居前へつながる丸の内側に駅舎がある。東京駅というと一般的には丸の内側の赤煉瓦駅舎を思い浮かべることが圧倒的に多いのではないだろうか。

丸の内駅舎は、煉瓦建築物を代表

丸の内北口側（大手町側）の北ドームを下から見上げる。ドーム内には復刻された干支のレリーフがある。

丸の内南口側（有楽町側）の南ドーム。左右は東京ステーションホテルとして利用されている。

*1：15～17世紀初頭にかけてイタリアを中心にヨーロッパに広がった建築様式。左右対称、バランスを重視した造りが特徴。
*2：「復原」とは元々の姿が改造されたり、変化したりしてしまった現状の姿を元どおりに戻し、前の位置に戻すこと。「復元」とは失われて消えてしまったものを、かつての姿どおりに新たにつくること。

荘厳にして優雅。日本を代表する赤煉瓦建築物

高さ約28mの正面中央部。1階部分、丸の内中央口に隣り合うのが皇室専用の出入口で、一般客は利用することができない。したがって、普段は閉じられたままである。

する建物であるばかりではなく、平成15（2003）年、重要文化財に指定された建築物でもある。

鉄道開業40年後に造られた中央停車場

明治5（1872）年、新橋〜横浜間で日本初の鉄道が開業した。その後、明治22（1889）年には東海道線（新橋〜神戸間）が、明治24（1891）年には東北線（上野〜青森間）が全通、鉄道網が敷かれていった。こうしたなか、中央停車場の役割を担う駅を設けることが計画され大正3（1914）年に落成、東京駅と命名された。現在でこそ「上り」「下り」の起点になっている東京駅だが、その開業は鉄道開業から40年も遅れていたことになる。

開業した当時の丸の内一帯は野原であったが、駅舎は行幸《ぎょうこう》道路により皇居と直結され、皇室の専用口も設置されるなど、「国家の中心駅」「天皇の駅」としての色が打ち出された。この当時栄えていた日本橋、京橋に通じる八重洲側に出入口を設けなかったことに国の意志が表れている。ちなみに八重洲側に出入口が設けられたのは、開業から15年後の昭和4（1929）年のことである。

膨大な金・人・煉瓦を費やす

駅舎は、鉄骨煉瓦造り3階建て、全長幅約335m（*3）、奥行約20m、南側にウイング部をもつもののほぼ左右対称の大規模建築物である。工事に携わった職工や人夫は延べ74万人、総工費は当時の金額で約270〜280万円、現在の貨幣価値に換算すると500億円前後といわれている。

正面中央部には大屋根、南北には大ドームを設け、上部の尖塔を含む高さは約45m。当初は、南ドーム部が乗車口、北ドーム部が降車口と分けて使用していた。正面出入口が皇室専用で、一般出入口との間に荷物専用の出入口が設けられていた。

煉瓦は、埼玉県深谷《ふかや》市にあった日本煉瓦製造（廃業、P46）のものを使用。その数は、構造用と、して約752万個、化粧用として約85万個、合計で約837万個に上るといわれている。

積み方はイギリス積みを採用（一部には、フランス積み、ドイツ積み［小口積み］の所がある）、煉瓦と煉

皇居側から見た丸の内駅舎の立面図イラスト。実際には左右や背後に高層ビルが建ち並んでいるため、このような姿で駅舎を目に入れることはできない。

皇室専用の正面出入口と車寄せ。報道などで東京駅を映す場合は、ほとんどが北もしくは南ドームの出入口になる。

南ドーム内観。八角形の天井には2mを超える鷲や方位にしたがって十二支のうち8つの干支レリーフが配置されている（南北ドーム共通）。

瓦の継ぎ目（目地）は、断面が半円状になっている覆輪目地を採用している。この目地によって、見た目が優しく、柔らかい印象になった。さらに、出入口や窓枠、柱型装飾などに白い花崗岩と擬石漆喰塗りを交え、赤と白の美しいコントラストをつくり出した。

大正12（1923）年に発生した関東大震災では被害がなかったが、昭和20（1945）年の大空襲では南北ドームの屋根を焼失。煉瓦造りの壁とコンクリート造りの床は残ったが、内部の大半が破壊された。

終戦後の修復工事では、2階建ての駅舎に。創建当初の形態に復原されたのは前述のとおり開業100周年を2年後に控えた、平成24（2012）年のことである。

覆輪目地の断面と表面

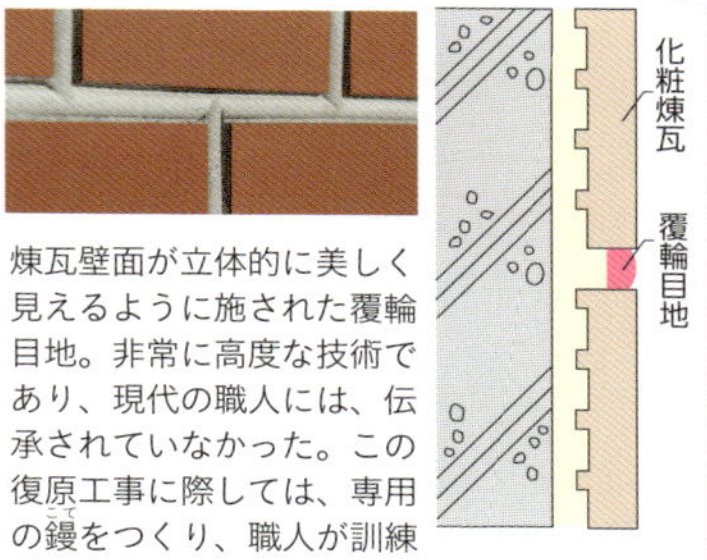

煉瓦壁面が立体的に美しく見えるように施された覆輪目地。非常に高度な技術であり、現代の職人には、伝承されていなかった。この復原工事に際しては、専用の鏝《こて》をつくり、職人が訓練をし作業にのぞんだという。

TOPICS

日本一の東京駅

現在のJR東京駅は、乗り換えなしで32の都道府県と結ばれていて、新幹線および在来線を合わせると、1日の利用者数は約45万人、発着本数は約3000本という日本有数のターミナル駅である。

プラットホームの数は日本一で、新幹線が5面10線、在来線が地上・地下合計で9面18線。延べ床面積は、18万㎡といわれ、東京ドーム36個分の広さに匹敵している。なお、「関東の駅百選」認定駅である。

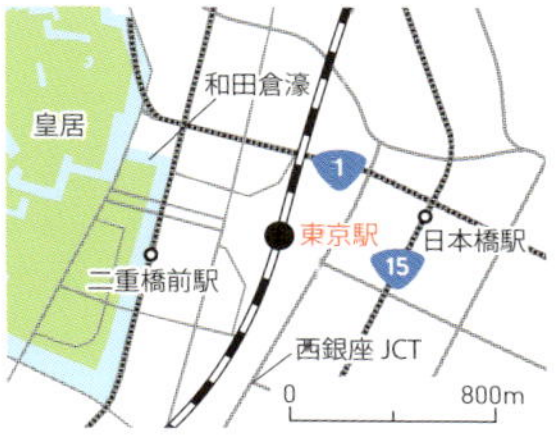

●所在地：千代田区丸の内1-9-1
●電話：050-2016-1651
（JR東日本）

丸の内駅舎東側、1番線ホーム側から見た立面図。ホームからは部分的にしか見えないのでこの姿は見ることができない。

*3：高さ333mの東京タワーに匹敵する規模。ちなみに新幹線N700系16両編成の全長は約404mなので、車両よりはやや短い。

●イラスト提供：JR東日本東京支社

高層ビル群に挟まれるようにして建つ三菱一号館美術館。歴史の重みを感じさせる威風堂々とした存在感が印象的である。左側へ進むと馬場先門跡。手前の道路地下にはJR京葉線、右側の外堀通り地下にはJR横須賀線が走る。

東京都千代田区

三菱《みつびし》一号館《いちごうかん》美術館《びじゅつかん》

JR東京駅の西側、皇居に面してオフィスビルが林立する丸の内エリアの歴史は、江戸時代にまでさかのぼる。そもそも丸の内という地名は、江戸城の外郭内に位置していたことに由来し、ここには大藩の大名屋敷が建ち並んでいた。

荒れ地となった丸の内一帯を買い取る

明治維新後は、陸軍省の軍用地として利用されていたが、軍備拡張のため軍部は移転。荒れ地となった丸の内一帯が今日のビジネス街へと発展したのは、明治23（1890）年、買い手がなく処分に困っていたこの土地を政府の要請で、当時、隆盛著しい三菱が買い取ったことがきっかけである。

日本初の洋風オフィス街づくり

イギリス出身の建築家、ジョサイア・コンドルは、文明開化の代名詞ともいえる鹿鳴館（明治16［1883］年竣工）を設計したことで知られるが、明治23（1890）年、三菱に顧問として迎えられた。そして、約10万坪にもなる広大な丸の内の地で、首都の中枢にふさわしいビジネス街づくりを任された。

明治27（1894）年竣工時の三菱一号館。現在と違い、手前や背後、周辺の大きな建物が存在していないので、ひと際注目されたことだろう。

三菱の要望を受け入れたコンドルがイメージしたのは、当時、国際金融の中心であったロンドン、ロンバード街にならった赤煉瓦ビル街。20間（約36m）の道路に接して建物は軒高50尺（約15m）の3階建て煉瓦造りビルで統一することにした。

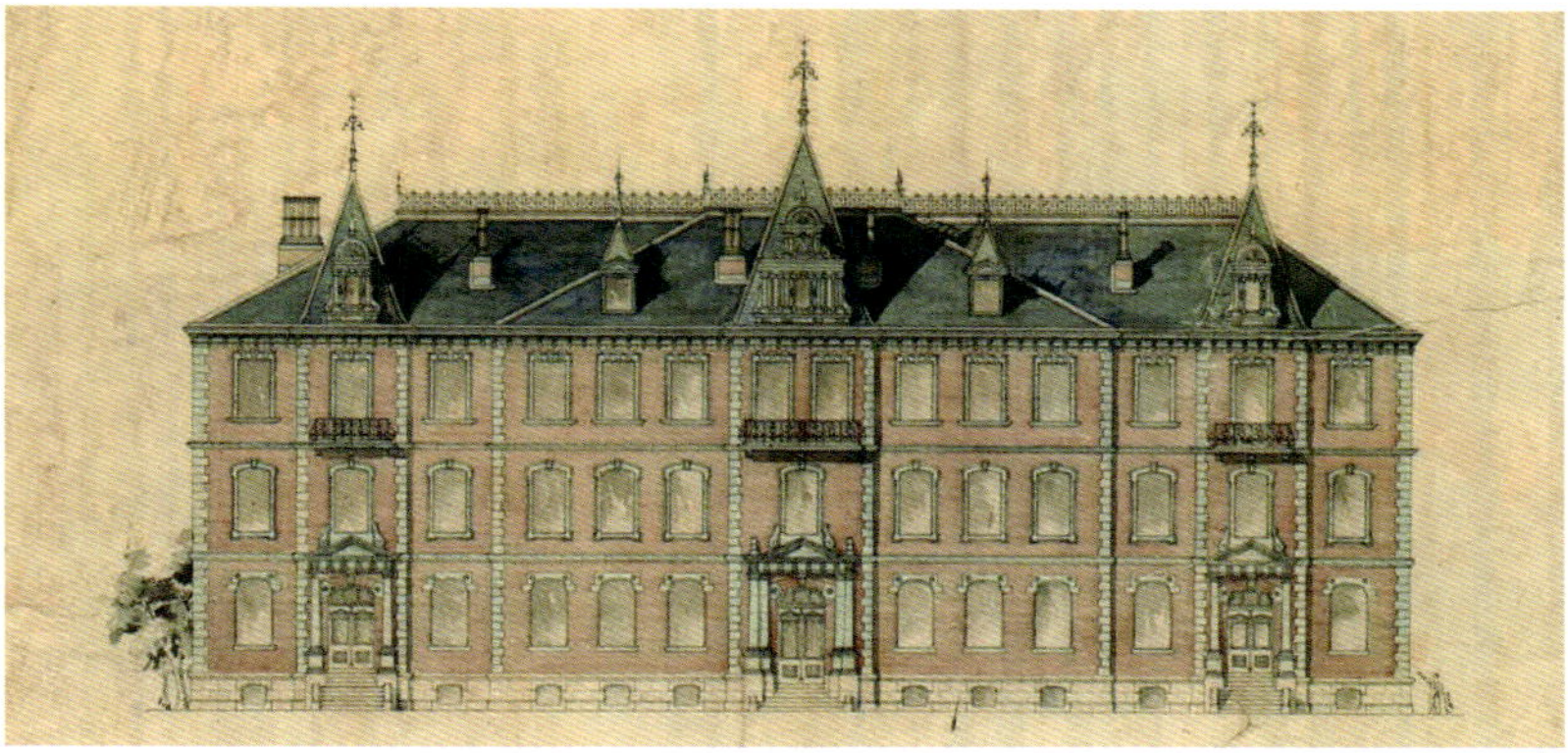

ジョサイア・コンドルが描いた立面図。直線的なデザインが印象的。

こうして、明治27（1894）年の三菱一号館の竣工にはじまり、三菱二号館、三菱三号館が相次いで建設され、建ち並ぶさまは「一丁倫《いっちょうろん》敦《どん》」と呼ばれた。一連の建物は、明治37（1904）年に完成した三菱六号館、三菱七号館までおよんだ。

丸の内初のオフィス・ビル 三菱一号館

三菱一号館は、コンドルが設計し愛弟子である曽禰達蔵《そねたつぞう》を現場主任とする三菱社内の「丸の内事務所」直営で施工された。煉瓦造り地上3階地下1階建ての建物は、軒高約15m、床面積約5000㎡でL形平面をもつ。なお小屋組みは木造クイーンポストトラスである。

外観は、尖塔式の屋根を連ねたクイーン・アン・スタイルを基本にルネサンス様式の窓を取り入れた折衷様式となっている。屋根は銅板と日本産のスレート葺き。外壁は煉瓦を主に、窓枠部分に安山岩《あんざんがん》（*1）、腰壁に花崗岩（*2）を4段積み重ねている。

煉瓦の積み方はイギリス積みで、構造煉瓦と化粧煉瓦の総数は約230万個といわれている。桜の

TOPICS

明治の丸の内一丁倫敦

写真は明治42（1909）年頃の丸の内の情景である。東京駅側から見たもので、右手前の建物が三菱一号館。奥に向かって順に三菱二号館、三菱三号館と連なっているのがわかる。中央やや左奥が馬場先門。馬場先門を抜けると皇居内にある二重橋につながる。現在より道路が広く感じられ、自動車、自転車、人力車など往時の様子がうかがえる。

尖塔式の屋根が連なる外観。窓はルネサンス様式が採り入れられており、上部のデザインが各階で異なっている。

入口には花崗岩製の6段ほどの階段が設けられ、同じく花崗岩で造られた両脇の柱が重厚な印象を与える。

*1：伊豆半島で採掘された通称、伊豆石の一種である横根沢石のこと。
*2：推測だが、岡山県北木島で採掘された北木石のようだ。

刻印がおされていたことから、小菅《こすげ》集治監《しゅうちかん》（現在の小菅拘置所）で作られた煉瓦を使用していたことが判明している。

解体、新たに復元へ

昭和43（1968）年、三菱一号館は老朽化を理由に惜しまれつつ解体された。

その後40年ほどを経過し同じ場所によみがえることに。保存されていた設計図や解体時の実測図、当時の写真や果ては明治時代の建築雑誌などの資料をもとに、あるいは資料のない部分はコンドルが設計したほかの事例などを参考に推測し復元、平成22（2010）年に三菱一号館美術館として生まれ変わった。

なお、丸の内一帯が三菱村と称されるゆえんは、東京駅を挟んだ八重洲や日本橋を地盤として栄えていた三井系の金融や経済、商業施設に対してだといわれている。

（上）三菱一号館美術館の中庭。元となった三菱一号館が竣工したのは、ロートレックをはじめ多くの芸術家が活躍した時代。美術館にはその時代の作品を中心に収蔵されている。
（下）3階展示室。ここでは、三菱一号館が生まれた19世紀末の西洋美術を中心に企画展が年3回開催されている。

（上）イギリス積みを採用し精緻に積み上げられた煉瓦壁と屋根裏の構造。クイーンポストトラスの小屋組みには松材を使用している。
（下右）中央階段。手摺のうち灰色に見える部分は、伊豆の青石の保存部材。復元にあたっては中国の五雲石が使われた。
（下左）高い天井、アーチ形の仕切りなど、イギリスの伝統を感じる2階南側の中央廊下。

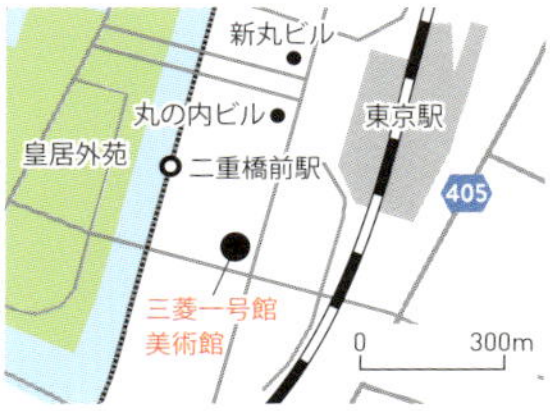

●所在地：千代田区丸の内2-6-2
●電話：03-5777-8600
●アクセス：JR「東京駅」より徒歩約5分

●写真提供：三菱地所株式会社美術館室

重文

東京都千代田区

法《ほう》務《む》省《しょう》旧《きゅう》本《ほん》館《かん》

（旧司法省庁舎）

ビル群が建ち並ぶ官庁街に
歴史の重みを感じさせる風貌

皇居側から見た外観。現在は、法務総合研究所、法務図書館として使用されている。

国家の中枢、中央省庁が集まる東京・霞が関にひと際目を引き異彩を放つ赤煉瓦建築物がある。江戸時代の米沢藩上杉家藩邸（上屋敷）跡地に建つ、法務省旧本館である。

明治19（1886）年、政府は大規模な官庁集中計画を立案。実際に建てられたのは2棟のみで、その1棟がこの建物である。

ドイツ人建築家ベックマンとエンデ両氏の設計による煉瓦造り3階建て。スレート葺きの屋根上にあるドーマー窓や突針《とっしん》の装飾、交差ヴォールト様式を取り入れた通称「こうもり天井」など、ドイツのネオ・バロック様式の特徴をもつ。計画から7年の歳月をかけ明治28（1895）年に竣工。煉瓦は日本煉瓦製造（p46）のものと小菅集治監《こすげしゅうちかん》（*1）で作られた小菅煉瓦（*2）との2種類を使用、基礎部分にはドイツ製のセメントが使われている。

大地震を乗り越えて

この当時の煉瓦は、川沿いの砂や粘土が混じった作土《つくど》を混ぜていたので粘りがあった。また、この建物は煉瓦積みの中に鉄を埋め込むなど耐震性に優れた構造であったため、大正12（1923）年の関東大震災でも被害を受けることはなかった。

なお平成6（1994）年12月、外観のみだが重要文化財に指定された。

通称「こうもり天井」と呼ばれる交差ヴォールト様式が取り入れられているベランダ。

屋根には存在を誇るように突針の装飾が施されている。

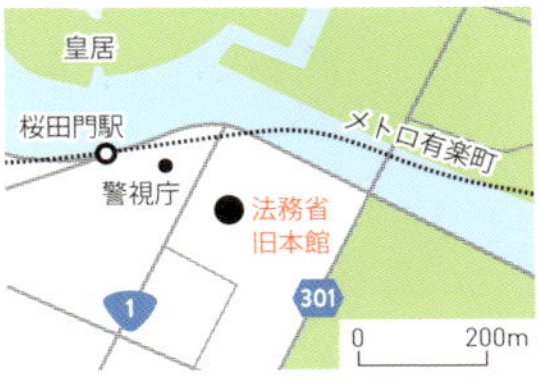

●所在地：千代田区霞が関1-1-1
●電話：03-3592-7911
●アクセス：東京メトロ有楽町線「桜田門駅」より徒歩約1分

*1：明治時代に設けられた囚人の収容施設（監獄の一種）で、現在の東京拘置所の敷地にあった（東京都葛飾区小菅1-35-1）。
*2：元々は、明治5（1872）年に小菅村に設立された煉瓦製造所が製造した煉瓦のこと。イギリス人技術者ウォートルスの指導により良質の煉瓦を大量に製造できるようになった小菅煉瓦製造所は、明治12（1879）年、政府による買い上げで官営となり、集治監内部で煉瓦を製造するようになった。

●写真提供：高橋映次、法務省

日常とはかけ離れた
別世界を思わせる煉瓦校舎

立教大学本館正面。東京・池袋という日本有数のターミナル駅からわずか7分、都会の喧騒が信じられない静寂な空間の中に毅然として建っている。

東京都
豊島区

立教大学《りっきょうだいがく》 本館《ほんかん》・礼拝堂《れいはいどう》ほか

建学の精神を端的に表す言葉として「自由の学府」をうたう立教大学。同学は、米国聖公会の宣教師チャニング・ムーア・ウィリアムズ主教が明治7（1874）年、東京・築地の外国人居留地（*）に開いた私塾「立教学校」が起源である。8年後の明治15（1882）年には、ゴシック風の煉瓦造り校舎が完成するも明治27（1894）年の明治東京地震で損傷した。

大正期の煉瓦建築群

立教大学と称することになってから11年後の大正7（1918）年、キャンパスが現在の地・池袋に移る。これにともない、本館、礼拝堂、図書館、寄宿舎、食堂の建設が進められ、大正8（1919）年5月31日に落成式が開かれた。

これらの建物は米国聖公会の寄付によるもので、いずれも煉瓦造り。アメリカのマーフィ・アンド・ダナ建築事務所が設計した。築100年を迎え、いまもなお学生たちに大切に使われている。

煉瓦の赤、窓枠の白、壁面に絡む緑の蔦と日差し。「学舎《まなびや》」という言葉が似合う情景だ。

本館
（モリス館／1号館）

赤煉瓦の壁面を埋め尽くす蔦《つた》が特徴の本館は、米国聖公会宣教師アーサー・ラザフォード・モリス氏の寄付によって建てられたことからモリス館と呼ばれる。立教大学の象徴的建築物であり、現在も教室として使用されている。

建物は、ゴシック様式の基礎の上

*：明治2（1869）年、築地鉄砲洲《つきじてっぽうず》（現在の中央区明石町一帯で、聖路加国際病院を中心にした6区画ほどの区域）に設けられた外国人の居住区域。立教大学をはじめ、青山学院大学や明治学院大学などのキリスト教系の大学は、この地で設立された。

にチューダー様式の特徴を備えているためチューダーゴシック様式とされる。フランス積みによる煉瓦造りで、地上2階地下1階建て塔屋付き。小屋組みは木造で瓦葺き寄棟《よせむね》屋根をもつ。竣工当時は中央部が3階建てで、屋根も切妻《きりづま》造りであったが、大正12（1923）年の関東大震災で上部が崩れ半壊したため、現在の姿に修復された。

中央の時計台部分には、正面となる北側に2本、裏面となる南側に2本、合計4本の塔がある。北西側の塔は時計の分銅が吊るされたシャフト、北東側の塔は設備的な縦シャフト、南西側の塔はかつて地下に石炭焚き暖房ボイラーがあった際の煙突、南東側の塔は階段室として利用されている。また、中庭から見ると気がつくが、左側（南西側）の塔が高い。これは、関東大震災後の修復時、当時の規制では煉瓦建築物の高さは13mまでに制限され、一方、煙突の高さは15m以上とされていたため、この塔だけが高くなったと推測される。なお、塔に挟まれた中央時計台の時計は、イギリス・デント社製、直径90cmの手巻き式。動力は分銅式で、3～4日に一度、手で巻いているという。

また本館をはじめとする立教大学の赤煉瓦校舎は、フランス積みを採用している。煉瓦は、金町製瓦と大阪窯業、2社の製品とされる。壁面には水分の浸透を防ぐ焼過《やきすぎ》煉瓦を使用し土台部分は縦積みを採用するなどの特徴が見られる。

煉瓦の積み方には数種類あるが（P10）、フランス積みは明治初期の赤煉瓦草創期にしか用いられなかった珍しい積み方。明治中期以降にはほとんど見られなくなった。立教大学であえてこの方法を採用したのは、ほかの積み方に比べ装飾面で優れていたからと伝えられている。数は少ないが、大正期後半のフランス積みの代表的煉瓦建築物でもある。

時計台の下部はチューダーアーチと呼ばれるアーチで、正面入口になっている。また、窓枠の下部には煉瓦を斜め下方向に向けた水切りがある。これは、雨水によって壁面が汚れるのを防ぐためのものである。

本館2階の階段ホール兼廊下。大きな窓から差し込む光で明るく、窓際には長いカウンターと椅子が並べられている。

木製の机、椅子が整然と並んだ本館内部。椅子の背もたれには、同校のセカンダリー・シンボルであるユリが型抜きされている。

立教学院諸聖徒礼拝堂（チャペル）

礼拝堂は煉瓦造り2階建て、木製トラス梁の小屋組み、瓦葺きで、本館同様にフランス積みを採用している。竣工当時は礼拝堂だけであったが、その後、西側控室、回廊、入口

（右）中庭から見た本館中央の時計台。塔は4本あるが、南西側（左側）の塔だけが煙突としての高さを確保するため高くなったと推測される。時計は、「鳩時計」のような分銅式である。
（左）通り抜けができる本館正面入口は、チューダーアーチ形式。白い天井部分も美しく滑らかな曲線を描く。

上部の2階席（聖歌隊席）が増築され現在に至っている。側面の窓はチューダーアーチの形状で、ひと窓ひと窓がバットレスと呼ばれる壁面を補強する壁で区切られている。

内部は正面に祭壇、左側面にパイプオルガンが据えられている。ちなみにこのパイプオルガンは、礼拝で求められる音楽について深く理解しているティッケル社（イギリス、ノーサンプトン）が製作したイギリス・ロマン派様式のもので、3段の手鍵盤と低音部に使う足鍵盤を備えている。

メーザーライブラリー記念館
（旧図書館）

平成24（2012）年まで図書館として使われていた建物は、煉瓦造り2階建て。木製トラス梁の小屋組みで、寄棟屋根は瓦葺き。落成は大正8（1919）年である。入口のアーチ部分や大きな窓には、同学煉瓦建築物に共通するチューダーアーチ形状が見られる。

現在内部は、立教学院史資料センターと立教学院展示館となっている。2階の展示館は落ち着いた空間で、同校の歩みや歴史的に所縁《ゆかり》のある人物の愛蔵品などが展示されており時間の重みを感じさせる。

なおこの建物は、米国聖公会の総会代議員として長年にわたり外国伝道を後援してきたサミュエル・リビングストン・メーザー氏を記念し、彼の子息のサミュエル・メーザー氏の寄付で建てられたもの。入口上部には"MATHER LIBRARY"というプレートが設置されている。

2号館、3号館
（旧寄宿舎）

寄宿舎として使われていた二つの建物は、本館、礼拝堂、食堂と同じ

（上）礼拝堂はキリスト教に基づく教育を建学の精神とする立教大学のシンボルともいえる建物で、内部には敬虔な雰囲気が漂っている。
（下）天井は高さ約10m、広々とした礼拝堂内部。正面にある祭壇の上部にはステンドグラスの入った窓。左壁面にはイギリス・ロマン派様式のパイプオルガンがある。

（上）メーザーライブラリー記念館の外観。2階にはチューダーアーチ形状の大きな窓が並ぶ。
（下）落ち着いた雰囲気のメーザーライブラリー記念館2階展示館。同校の歴史を当時の資料から知ることができる。

時期に建てられたもので、いずれも煉瓦造り2階建て、木造小屋組み、瓦葺きである。

　昭和7（1932）年に寄宿舎としては閉鎖されたが、その後も研究室や事務室として使用されている。

第一食堂

　正門から入り、本館の正面入口を通り抜けた先に建つのが第一食堂と呼ばれる学生食堂。煉瓦造り平屋建てで、落成は大正8（1919）年。ゴシック様式の高い天井、広々とした空間が心地よい。入口のドアにはラテン語で「食欲は理性に従うべし」と書かれているが、これは哲学者キケロの「欲望は理性に従うべし」という言葉をもじったもの。単なる食事をとる空間ではなく、そこには知的な雰囲気すら感じる。

　ちなみに現在は、一般の方も利用できるとのことだ。


　明治から大正にかけて創立した大学には赤煉瓦建築の校舎が多い。戦災のため消失したり、鉄筋コンクリートなどに建て替えたりしたものが多いなか、「東の立教、西の同志社」といわれるほど、この2校は赤煉瓦校舎がまとまって現存している。両校の建築の違いは、同志社大学（P106）の校舎が1列に整列しているのに対し、立教大学では前庭、中庭を囲むように校舎が建っていることにある。

（上）蔦で覆われた2号館入口。寄宿舎として建てられたが、現在は教員免許など資格を取得するための学校・社会教育講座の施設として利用されている。東京都選定歴史的建造物。
（下）奥に見えるのが中庭に面した本館。手前右側が2号館、左側が3号館。

（上）第一食堂外観。読売巨人軍終身名誉監督・長嶋茂雄が学生時代に食べたかつ丼を、当時のレシピのまま食べられる。
（下）天井、腰壁の濃い茶色と白い漆喰壁のコントラストがおしゃれな第一食堂。

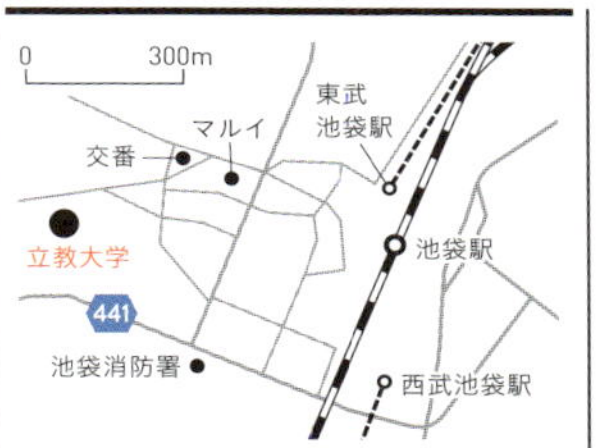

●所在地：豊島区西池袋3-34-1
●電話：03-3985-2231
●アクセス：JR・各線「池袋駅」より徒歩約7分

●写真提供：立教大学

東京都台東区

東《とう》京《きょう》藝《げい》術《じゅつ》大《だい》学《がく》 赤《あか》レンガ1・2号《ごう》館《かん》

（旧教育博物館書庫・旧東京図書館書籍閲覧所書庫）

東京最古の貴重な赤煉瓦建築物

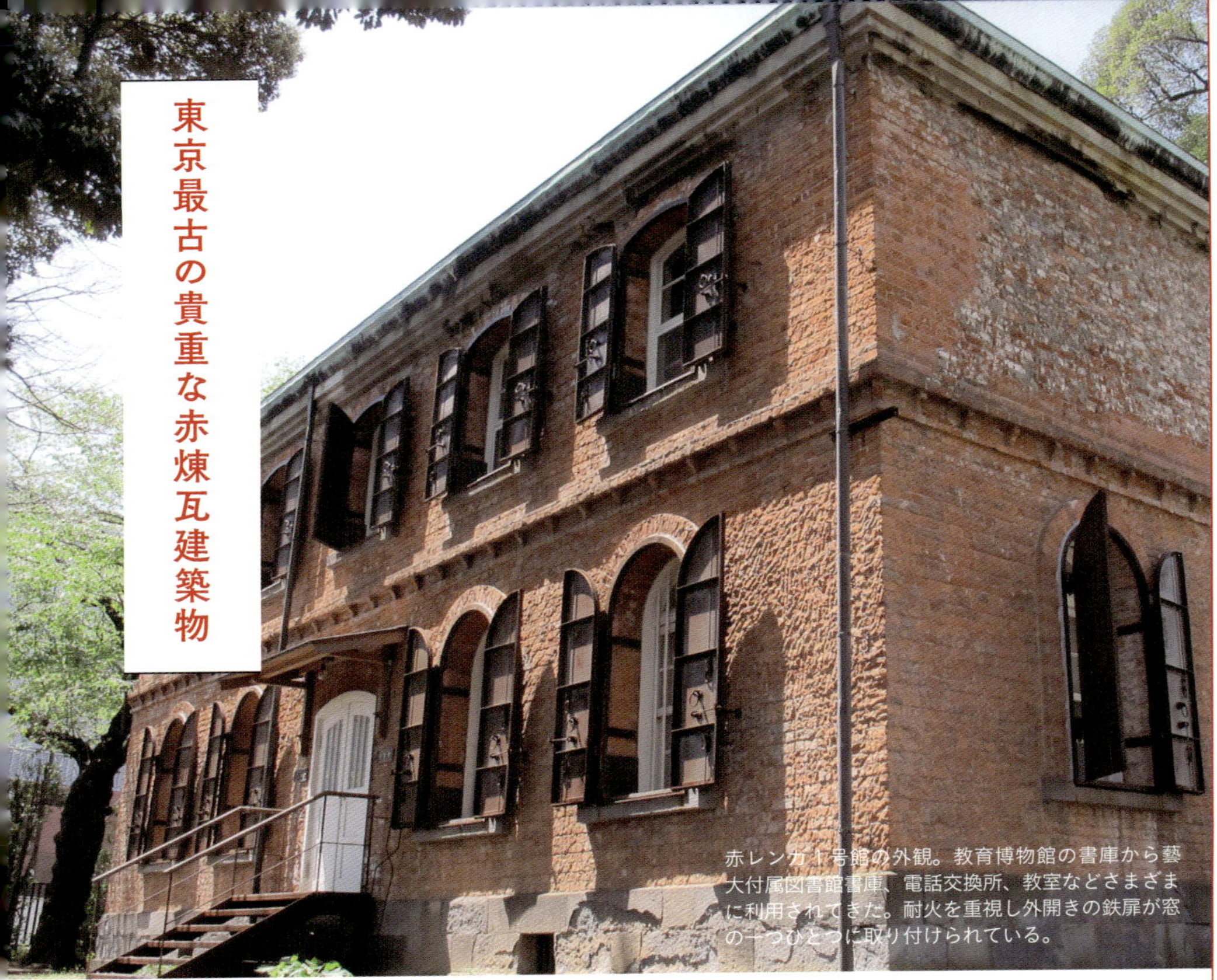

赤レンガ1号館の外観。教育博物館の書庫から藝大付属図書館書庫、電話交換所、教室などさまざまに利用されてきた。耐火を重視し外開きの鉄扉が窓の一つひとつに取り付けられている。

東京藝術大学は、多数の文化施設が建ち並ぶ東京・上野「文化の杜」にある。音楽学部の正門守衛所裏には2棟の煉瓦建築物が建つ。

書庫ならではの造り

イギリス積みを採用した煉瓦造り2階建ての赤レンガ1号館は、明治13（１８８０）年竣工。教育博物館（*1）の書庫として建てられたもので、東京に現存する最古の煉瓦建築物である。開口部にはすべて鉄扉を付設するなど書庫として耐火性や不燃性を重視した造りになっている。

同じく煉瓦造りの2号館は、旧東京図書館書籍閲覧所の書庫として明治19（１８８６）年に竣工した。明治41（１９０８）年、東京美術学校（*2）に移管された後は倉庫や研究室などさまざまな用途に利用されてきた。また、1号館同様に開口部は鉄扉付きで、耐火性、不燃性を重視した設計になっている。

2号館は、竣工１２４年を迎えた平成22（２０１０）年、耐震改修工事の一環で全面改修が施された。改修では、内部に鉄筋コンクリートの壁構造体を構築しつつ既存の部材を生かす工法を採用。さらに現代の用途に応じた最新設備を導入した。

現在、1号館は美術学部OBの事務所として、2号館は文化財保存科のアトリエとして使用されている。なお、2棟とも、東京都選定歴史的建造物になっている。

風化しつつも周りの樹々と溶け込む2号館。右奥に見える1号館同様に、窓には鉄扉が取り付けられている。上層階の円形の窓と鉄扉が印象的である。

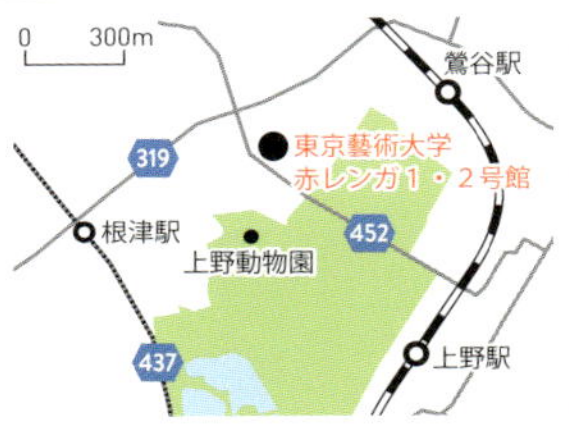

●所在地：台東区上野公園12-8
●電話：050-5525-2013
●アクセス：JR「上野駅」公園口より徒歩約10分

*1：上野公園内にある国立科学博物館の前身。
*2：東京藝術大学美術学部の前身で、明治20（1887）年に設立された官立の美術専門学校。

ファサードは左右対称で、煉瓦の赤と花崗岩の白の組み合わせが美しい。

重文

東京都千代田区

東京国立近代美術館工芸館《とうきょうこくりつきんだいびじゅつかんこうげいかん》

（旧近衛師団《このえしだん》司令部庁舎）

幅広い分野の工芸品やデザイン作品を展示

桜の名所として有名な千鳥ヶ淵のすぐそばに佇む煉瓦造りの洋館が東京国立近代美術館工芸館。元々は近衛師団司令部庁舎で、明治43（1910）年、陸軍技師・田村《たむら》鎮《やすし》の設計により建造された。煉瓦造り、総2階の建物はE字形平面で、延べ床面積は1860㎡。中央に八角形の塔屋を載せ両翼部に張り出しがある簡素なゴシック様式の建物で、明治期を代表する赤煉瓦建築物の代表の一つである。

中央突出部は玄関になっていて、突出部正面両端と側面に上に行くほど細くなる花崗岩製のバットレス（*）が設けられている。軒桁部《のきげたぶ》には大きな花崗岩の部材をはめ込み、切妻屋根の合掌および破風を支えている。

昭和47（1972）年には、外壁、玄関、階段ホールが重要文化財に指定された。

なお近々、「いしかわ赤レンガミュージアム」（P86）の敷地に収蔵品が移転することが発表された。

重厚な造りの正面玄関。アーチや壁面各所に用いられた花崗岩、バットレスがアクセントになっていて、荘厳さを際立たせている。

軒下の花崗岩の装飾や屋根上のドーマー窓が、リズミカルな印象を与えている。

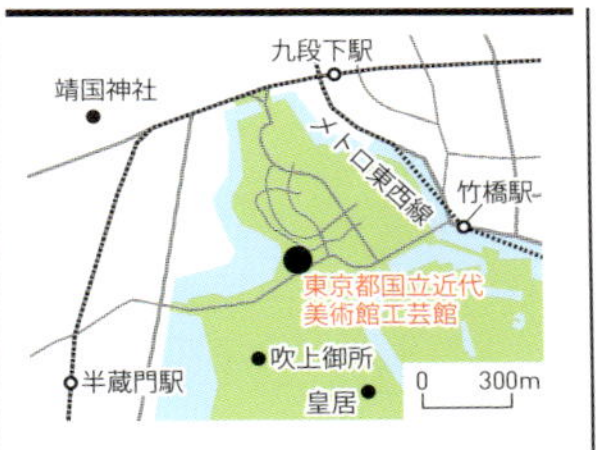

●所在地：千代田区北の丸公園1-1
●電話：03-5777-8600
●アクセス：東京メトロ東西線「竹橋駅」より徒歩約8分

*：横方向の力に対して、壁の転倒を防ぐために壁から突き出した補強用の控壁や柱型のこと。

●写真提供：高橋映次

旧三河島汚水処分場喞筒場施設全景。奥に見えるのが喞筒室、中央が濾格室と沈砂池。近代都市へと変貌、拡大する東京にとって、衛生面の不備による感染症などを防ぐ汚水処理施設は、重要な都市基盤の一つであった。またここは、日本の下水処理発祥の地でもある。

重文

東京都
荒川区

旧《きゅう》三《み》河《かわ》島《しま》汚《お》水《すい》処《しょ》分《ぶん》場《じょう》喞筒《ぽんぷ》場《じょう》施《し》設《せつ》

明治に入り国家機能が集中した東京では人口が増加。明治21（1888）年には東京市（15区）で130万人に、東京府全体で156万人と膨れ上がり、近代都市基盤の整備が急務となった。コレラなど感染症の大流行もあり、なかでも下水処理などの衛生面の改善は重大な課題であった。

明治新政府は、若く有望な人材をヨーロッパの先進諸国に派遣、最新の技術を学ばせた。後に「水道・下水道界の巨星」と称される中島鋭治もそのうちの一人で、帰国後は、東京市の下水道計画作成に責任者として携わった。

「衛生」を担保することは近代都市の必要条件

明治41（1908）年、中島が提出した報告書をもとに立案された「東京市下水道計画」が事業認可され、当時は水田が広がっていた三河島に、わが国初の近代汚水処分場を建設することになった。これが、旧三河島汚水処分場喞筒場施設である。中島の指揮下にあった東京市技師・米元晋一を中心として進められ、大正3（1914）年着工、8年後の大正11（1922）年には運転を開始した。

それまで市街地の汚水はそのまま河川に流したり留め置いたりするだけであったが、処分場の完成によって衛生的に安全な状態にした後、河川に流すようになった。東京の下水処理は、近代都市にふさわしいものになったのだ。

旧三河島汚水処分場喞筒場施設は平成11（1999）年まで稼働していたが、その後は三河島水再生センターと名を変え、下水道の歴史をいまに伝えている。

敷地内には喞筒室をはじめ当時の煉瓦建築物がそのまま残っており、平成19（2007）年、近代下水処理場の代表的遺構として国の重要文化財に指定された。

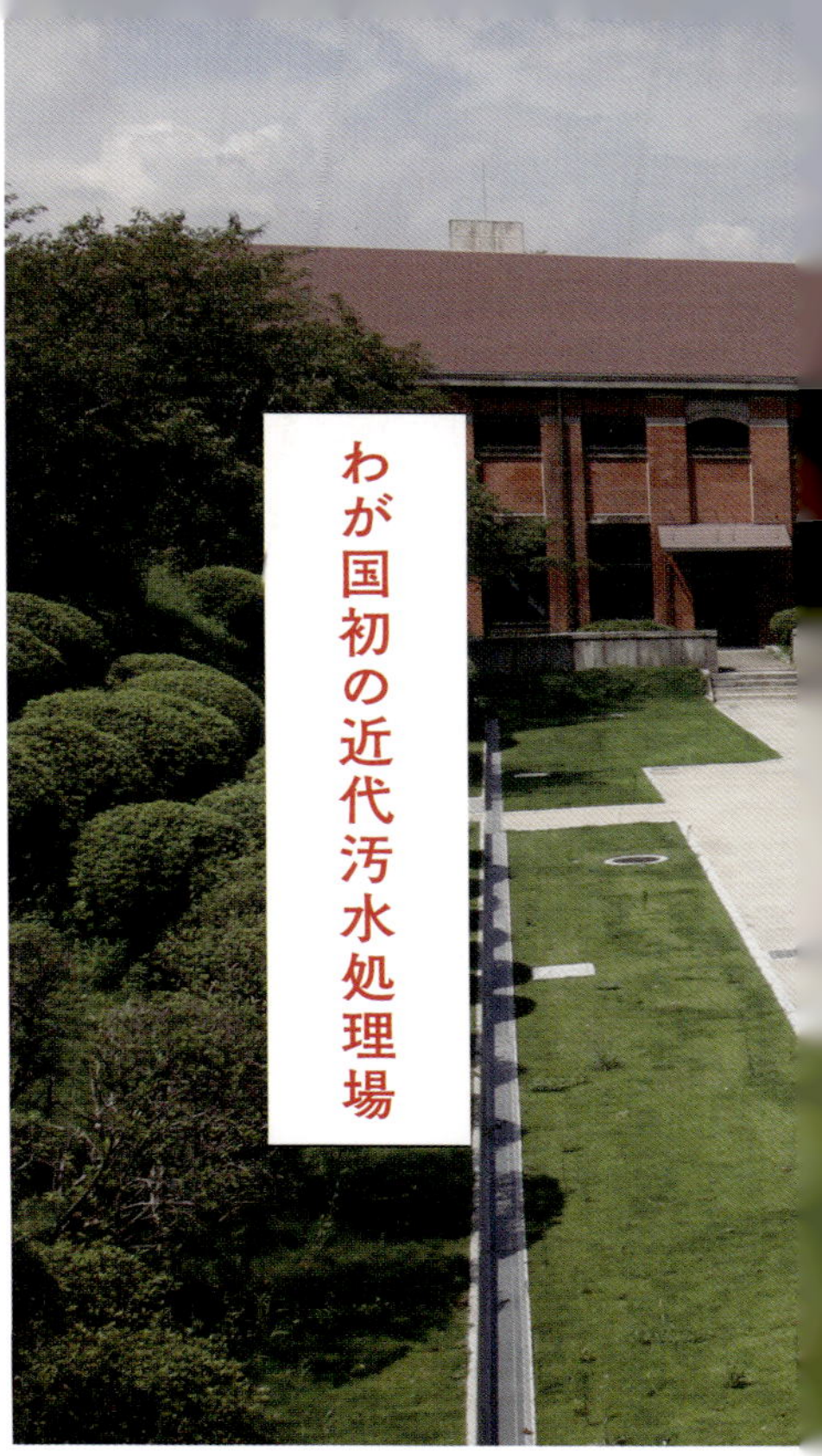

わが国初の近代汚水処理場

整然とした建物配置

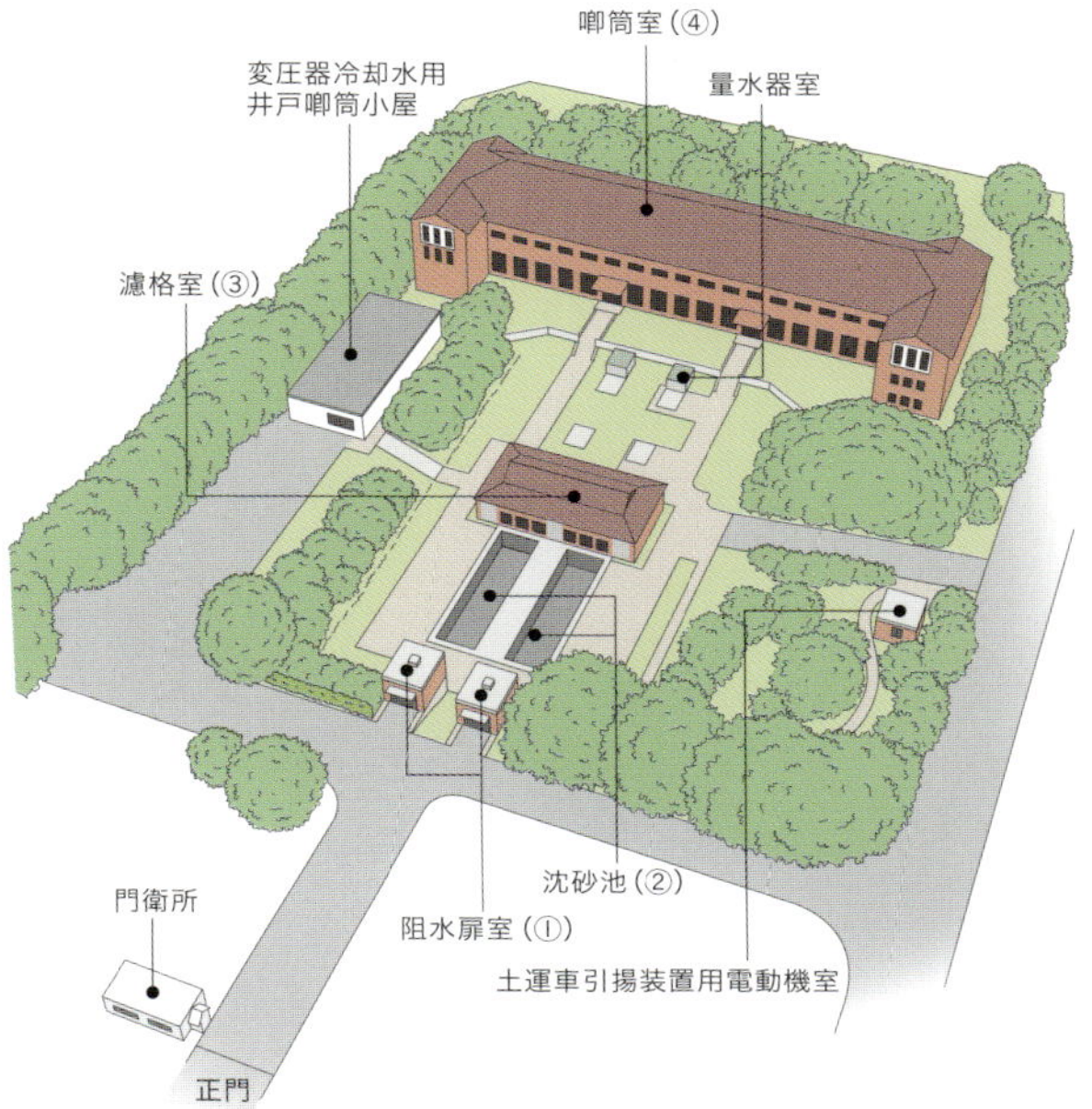

旧三河島汚水処分場喞筒場施設の全容。下水は地下レベルで①②③を通り④に集められ、ポンプアップした後、処理される。

なお、いずれの煉瓦建築物も鉄骨およびもしくはコンクリート造りで、表面に煉瓦タイルを貼り付けたものである。

喞筒室《ぽんぷしつ》

敷地の奥に位置するのが、当施設を象徴する存在の喞筒室である。幅68・3m、奥行15・5mで東西両翼を備えた左右対称の最も大きい建物だ。

外観は、20世紀初め、ウィーンを中心に始まり、当時の日本に影響を与えたセセッション（分離派）のデザイン（*）。

内部は、群馬・旧富岡製糸場の繰《そう》糸所《しじょ》（P50）と似た構造で、屋根を支えるアーチ形の変形キングポストトラス鉄骨が大空間を生み出している。そこに設置されているのが口径400～800㎜の3種類のポンプ10台（当初は9台）。地下に集められた下水を吸い上げる仕組みになっている。

喞筒室正面。2階には眉形アーチの窓が柱間3つおきに設けられ、窓の上に白い帯が横に通って立面に変化を与えている。

阻水扉室《そすいひしつ》

敷地の最も手前、東西に各1棟ずつあるのが阻水扉室である。浅草から約4㎞も続く下水管は建物手前で左右に分岐し、沈砂池へとつながる。阻水扉室とはメンテナンス時など下水の流れを一時的に止める扉が設けられていることから、その名前が付

*：平面性や水平性、垂直性、直線性を強調した様式。

けられている。

沈《ちん》砂《さ》池《ち》・濾《ろ》格《かく》室《しつ》

土砂を沈殿させるための沈砂池は底板の上にレンガが敷かれており、汚水による摩耗に耐えられるようになっている。この後、下水は水に沈まないゴミを地下のスクリーンで取り除く濾格室へ流入し、喞筒室へと集められる。

旧三河島汚水処分場喞筒場施設は、近代における下水処理場の構成を知る上で、欠かすことができない重要な施設である。ちなみに桜の名所でもあるとのこと。春の息吹を味わいながら見学してみてはいかがだろう。

東京メトロ浅草駅改修工事の際に取り出された幅60.6cm、高さ90cmの煉瓦造りの下水管。大正3(1914)年から昭和60(1985)年まで使われていた。

喞筒室は変形キングポストトラス鉄骨による巨大な空間。天井の窓から差し込む光が空間全体を明るく見せている。

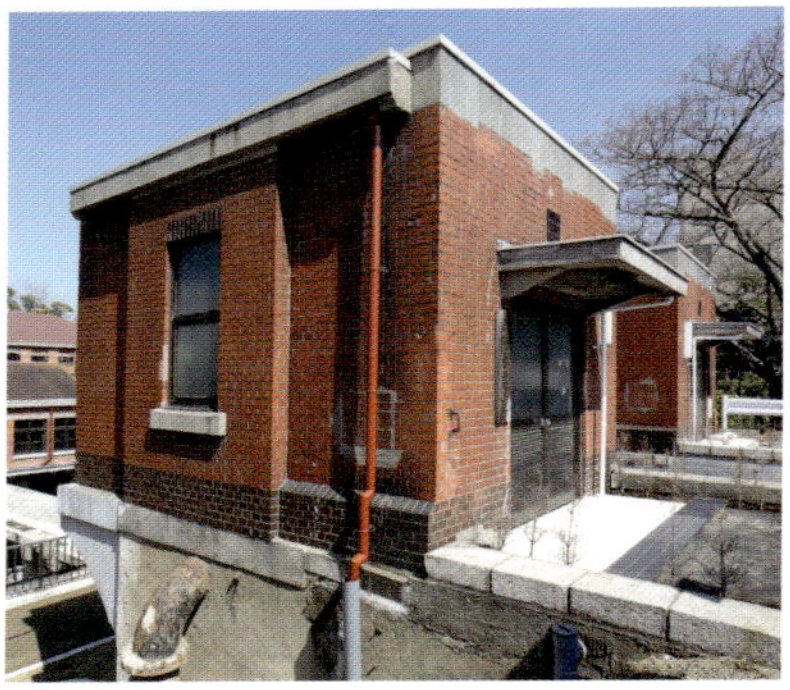

浅草から流れてきた下水を沈砂池へ送り込むための阻水扉室。東西に各1棟設けられ、交代で片方だけが開扉している。

都電荒川線・荒川二丁目停留場で降りると目の前が旧三河島汚水処分場喞筒場施設である。春になると敷地の塀に沿って植えられた桜を楽しむことができる。

下水中の土砂を沈める沈砂池(上)。阻水扉室から流入した下水をゆっくり流し、下水中の土砂を沈殿させ取り除く。なお沈砂池は写真のように二つあり、交代で片方だけが稼働している。次いで、濾格室(下)の地下スクリーンで下水中に浮いたゴミを取り除く。

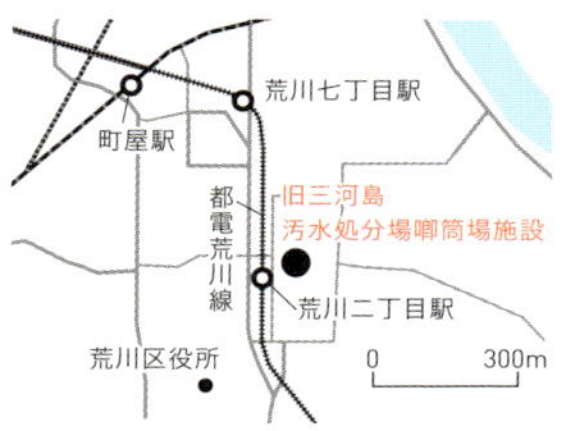

●所在地：荒川区荒川8-25-1
●電話：03-6458-3940
●アクセス：都電荒川線「荒川二丁目」から徒歩約3分

重文

東京都
北区

旧醸造試験所第一工場《きゅうじょうぞうしけんじょだいいちこうじょう》

本場ドイツの工場を参考に当時、最新鋭の設備を備えた

旧醸造試験所第一工場の外観。切妻壁の頂部には、初期ロマネスク建築で生まれた壁面装飾・ロンバルディア帯のような意匠が施されている。

北区滝野川の住宅街に、赤煉瓦酒造工場と呼ばれる明治期の煉瓦建築物が残っている。明治36（1903）年に建てられた旧大蔵省の醸造試験所第一工場である。設計者は、横浜赤レンガ倉庫（P40）や神奈川県立歴史博物館（旧横浜正金銀行）を手掛けた妻木頼黄《つまきよりなか》。設計の際はドイツのビール工場を参考にしたと伝えられている。

ビールの品質を保つ建物

煉瓦は日本煉瓦製造のものを使用。壁体はイギリス積みだが、外観は化粧煉瓦の小口積み。切妻壁の頂部は煉瓦を櫛形にならべたロンバルディア帯風のデザインになっている。

また、煉瓦壁の一部に中空部分を設け温度変化の影響を受けにくくしたほか、リンデ式アンモニア冷凍庫（*）を用いた空調設備を備えるなど、安定した醸造研究が行われるような工夫がなされた。

平成28（2016）年までは後身の酒類総合研究所の施設となっていたが、以後、国に移管され、日本醸造協会が管理している。現在は、酒造に関するセミナーや実習の実施、日本の酒造産業に資するイベント、利き酒審査会などの場として利用されている。

なお、平成26（2014）年には重要文化財に指定されている。

（右）通路や部屋の入口に見られるアーチ。見た目が美しく強度も強い台形状の煉瓦を使用している。台形状煉瓦のサイズは38種類ある。
（左）旧麹室の床から天井まで積まれた煉瓦は釉薬が塗られ白っぽい。水分調節ができなかったため、この部屋は実際には使用されなかったという。

●所在地：北区滝野川2-6-30
●電話：03-3910-3853
●アクセス：JR「王子駅」より徒歩約10分

*：ドイツのミュンヘン工業学校の教授リンデが開発、触媒にアンモニアを使った冷凍庫で、現在でも基本原理は変わらない。

●写真提供：高橋映次、公益財団法人日本醸造教会

旧軍事工場は知の空間へと姿を変えた

北区立中央図書館は、新築部分（写真奥）と赤煉瓦建物部分が融合した造り。正面入口前には芝生の広場があり、親子連れが散歩をしていたり、子どもたちが球技に興じていたりすることがある。女性ファッション雑誌の撮影なども行われているという。

東京都
北区

北《きた》区《く》立《りつ》中《ちゅう》央《おう》図《と》書《しょ》館《かん》

（旧東京第一陸軍造兵廠《ぞうへいしょう》275号棟）

あらゆる分野で日本の中心である東京は、かつて軍関係の施設が集中していた軍都でもあった。とくに北区王子・十条・赤羽地域一帯は、東京第一陸軍造兵廠（*1）として最大の軍需工場地帯であり、区の面積の約10％を占めていた。一説によると、最盛期には約20棟の工場が並んでいたという。その多くは煉瓦造りで戦後破壊されてしまったが、旧東京第一陸軍造兵廠本部の事務所（現・北区中央公園文化センター）とこの275号棟の建物はいまも残っている。

兵器工場から図書館へと変身

旧東京第一陸軍造兵廠275号棟は、兵器増産のため明治38（1905）年に小石川地区から移転してきた東京砲兵工廠のなかの1棟で、大正8（1919）年に建設

正面入口を入ると広々とした空間が出迎えてくれる。総合カウンターの右手のゲートは赤煉瓦建物の外壁面の窓部分をくりぬいたもので、このゲートをくぐると閲覧室へとつながる。

*1：旧陸海軍で、兵器や火薬、その他の軍需品の研究・製造・修理などを担当した役所および工場。
*2：柱や梁などの間のジグザグ状に渡された補強材をラチス材という。ラチス材で組み立てた柱をラチス柱という。

されたもの。以後、昭和20（1945）年8月の太平洋戦争の終戦まで、ここで小銃や機関銃の弾薬や薬莢《やっきょう》を製造していた。

戦後はアメリカ軍が接収、その後、自衛隊の倉庫として取り壊されることもなく野晒《のざら》し状態で朽ち果てるかと思われたが、区民からの保存運動が巻き起こった。そして平成20（2008）年、外装はそのままに残し増改築。モダンな図書館として生まれ変わった。

当時の建築技術をのぞき見

北区立中央図書館には、工場として竣工当時の建築技術を、いまも見ることができる。

一つ目は煉瓦の積み方。外装をはじめとしオランダ積みという伝統的な技法が採用されていること。二つ目は、鉄骨の接合がボルトではなくリベットであること。三つ目は、外国製ではなく八幡製鉄所製のラチス柱（*2）を使っていること。四つ目は、屋根が鉄骨の梁（鉄骨トラス）で支えられていることなどである。

この図書館に隣接する陸上自衛隊十条駐屯地の東側には、大正7（1918）年に建設された変圧所254号館の一部がモニュメントとして残っている。

また、十条富士見中学校には旧陸軍東京砲兵工廠《ほうへいこうしょう》銃砲製造所の煉瓦塀が残っている。旧軍関係施設の多かったこのエリアは戦争による被害も大きく、現在ではこれらの遺構にその痕跡をとどめるにすぎない。

屋根を支えている鉄骨トラス。細い材料でも強度があるため、天井部分がすっきりし空間が広く感じられる。

柱にしるされた「八幡製鉄所」の刻印。かすかに読み取ることができる。

リベットで接合されているラチス柱。ジグザグにすることで補強効果が高まるという。

煉瓦の外壁（上）。長手の段と小口の段を交互に積み上げるオランダ積み（下）になっている。

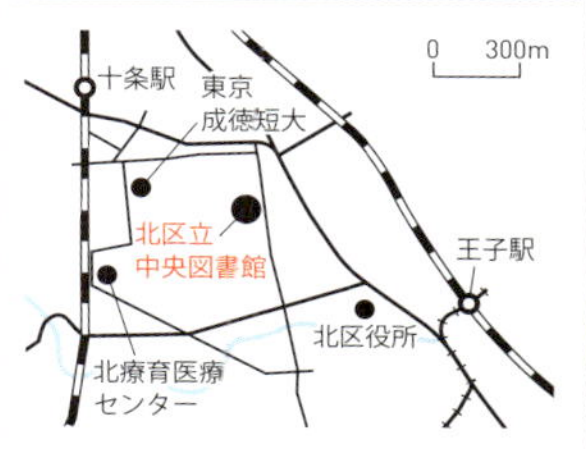

●所在地：北区十条台1-2-5
●電話：03-5993-1125
●アクセス：JR「十条駅」より徒歩約12分

●写真提供：北区立中央図書館「北区の部屋」

東京都
小平市

ガスミュージアム

（東京瓦斯《がす》旧本郷出張所・旧千住工場計量器室）

東京都小平市にガス・ミュージアムがオープンしたのは、さかのぼること約50年前。当時は、昭和39（1964）年の東京オリンピックを経て、日本が大きく変貌していた真っ最中。スクラップアンドビルド、すなわち古いモノを壊して新しくするという波が国じゅうを覆っていた時代だった。

ガスがもたらした生活の革命に触れる

そんな時代、気運に逆らうかのように、明治末期に建てられた2棟の煉瓦建築物が小平の地に移築され、保存されることになった。それは道路拡幅などのために取り壊されるはずだった東京瓦斯（現・東京ガス）の旧本郷出張所と旧千住工場計量器室。この2棟の建物は、ガスと暮らしの関わりを紹介する博物館（ガスミュージアム）となる。

ガス灯館

（旧本郷出張所）

ガス灯館は、明治42（1909）年、文京区本郷に建てられた東京瓦斯本郷出張所の建物を移築・復元したも

左右対称、赤と白の対比が美しいガス灯館とガス灯。建物は風見鶏が飾られた塔屋や正面入口の上のベランダが特徴である（現在、外には出られない）。

行燈《あんどん》やろうそくの生活はガスの登場によって革命的ともいえる変化をとげた。その歴史的な変遷を伝えてくれる博物館(左:ガス灯館、右:くらし館)。

の(移築は昭和41［1966］年)。煉瓦造り2階建てで、頂上部にあるドーム形の塔屋が印象的な建物だ。正面には装飾用の石柱やギリシャ風のレリーフ(*)があしらわれ、ベランダが設けられるなど出張所としては派手な印象である。煉瓦は建設当初小口積みであったが、移築の際に長手積みに変更となっている。

移築にあたって特筆すべきは、建物全体の図面がなく、大正2(1913)年の改修時の設計図を参考に実測を加え、明治の竣工時に近い現在の姿に復元したことである。

移築前、昭和30年代の旧本郷出張所の外観。創建時にあったドーム形の塔屋はない。

*：ギリシャ風のレリーフは移築・復元の際に設置されたもので、当時はアカンサスのレリーフがあったといわれる。

旧本郷出張所正面入口の上部にあしらわれたギリシャ風のレリーフ。

なお、移築の際に正面側の窓は煉瓦によって塞がれた。

くらし館
（旧千住工場計量器室）

くらし館は、明治45（1912）年に建てられた東京瓦斯旧千住工場計量器室の建物を利用したものである。

旧東京瓦斯千住工場は、増大する東京のガス需要に対応するために造られた第二工場であった。敷地内には、石炭瓦斯製造炉室、水性瓦斯発生窯、水平式炉など建ち並んでいた。後に、千住工場が閉鎖し設備の再編という流れのなかで多くは取り壊されたが、ガスの生産量を計測する計量器室の建物は昭和52（1977）年に千住から当地に移築・復元された。

建物は、イギリス積みによる煉瓦造り平屋建て。左右対称のファサードは赤と白の対比が美しい。

おもしろいのは建物正面左手、角の煉瓦が直線状に処理されておらずジグザグになっているところ。このまま煉瓦を足して左へ伸ばす、つまり増築することができるようになっているのだ。実際、そういう計画が

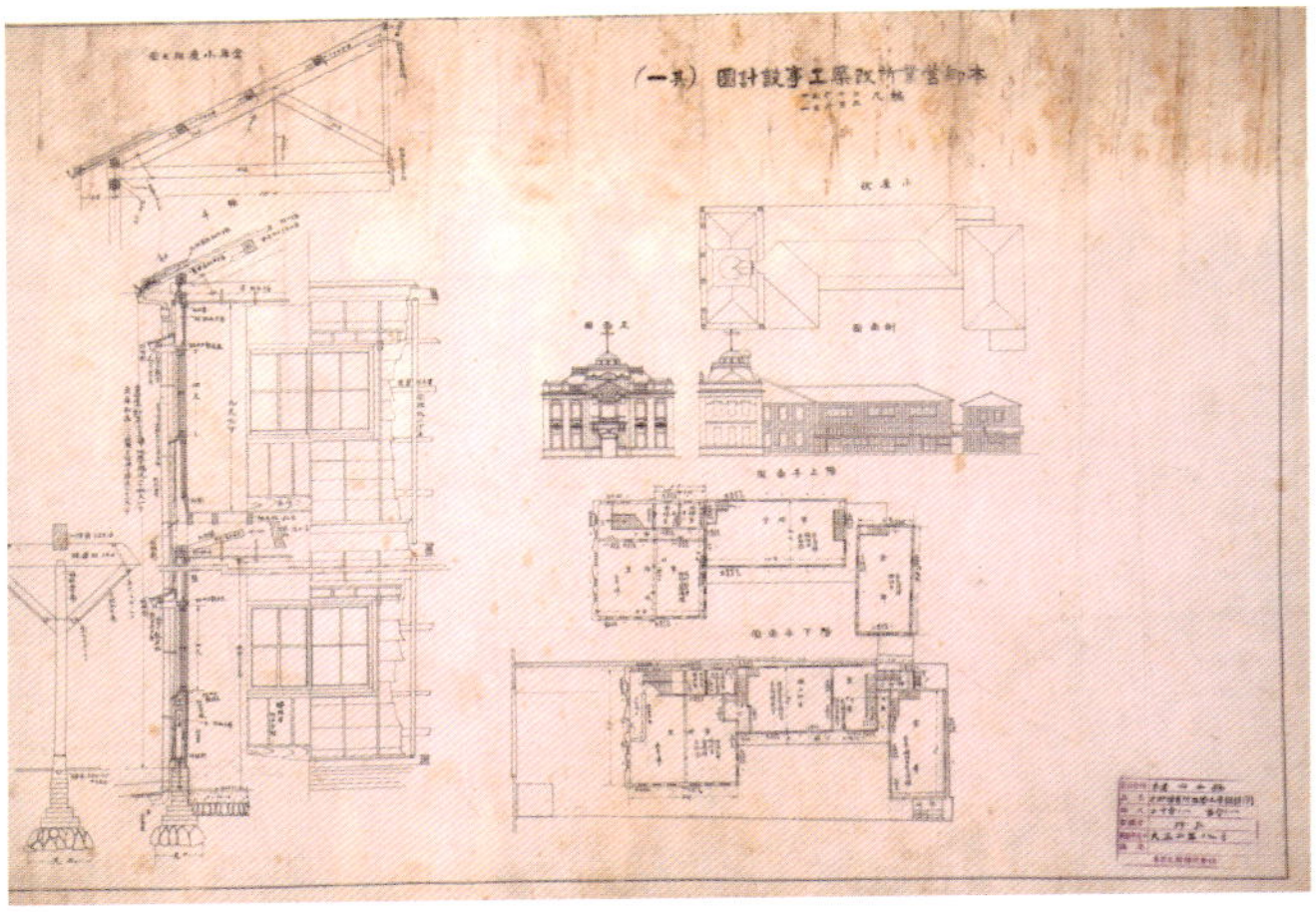

大正２（1913）年に行われた旧本郷出張所改修工事の際の図面。

千住工場は閉鎖、設備の再編による取り壊しが決定された。写真は取り壊しを逃れ、移築直前の同工場計量器室。

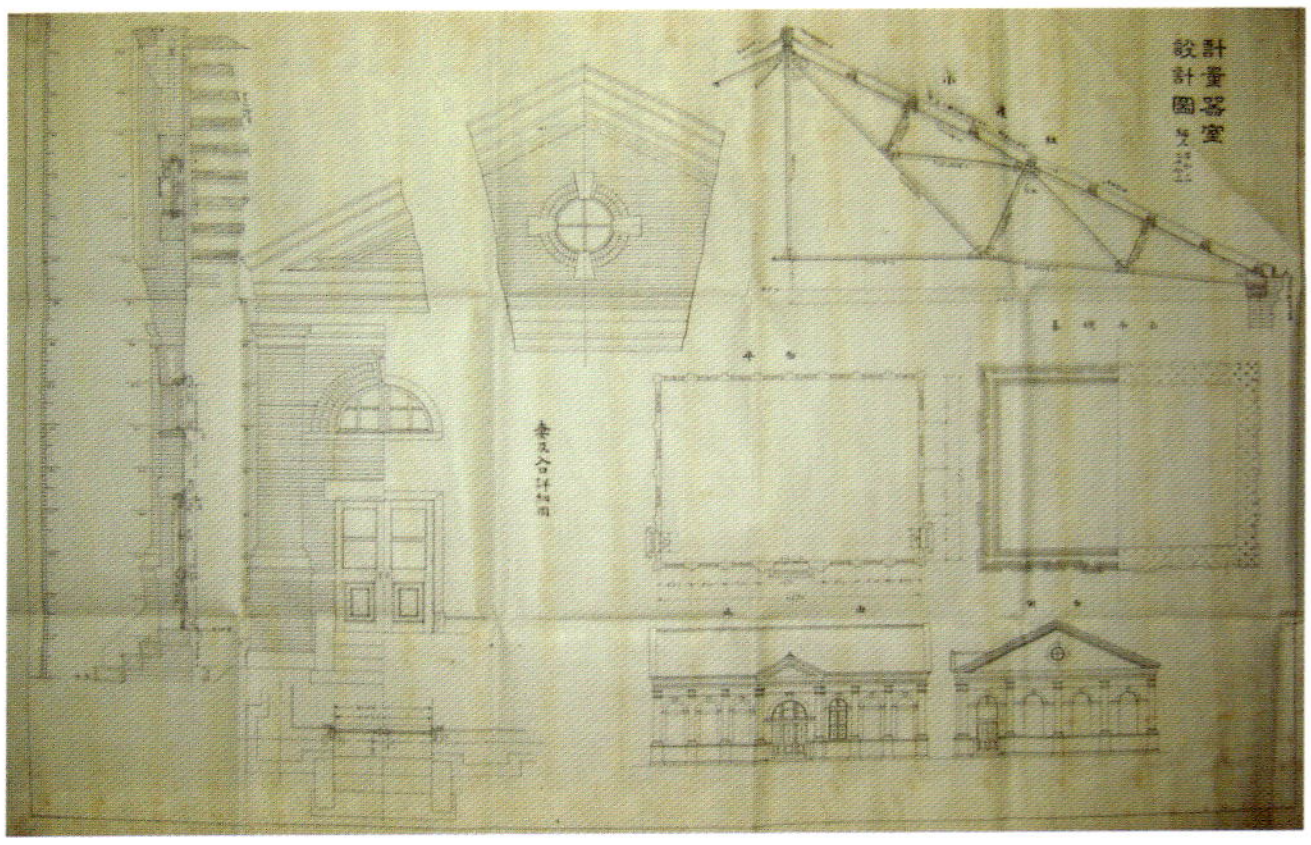

明治45（1912）年の建設時に描かれた千住工場計量器室の設計図。くらし館として移築・復元する際は、ガス灯館同様に、この１枚の図面を参考に実測を加え組み立てた。

くらし館のファサード。正面出入口の破風部分には、東京ガスの元社章（G文字入りの五光星）レプリカが埋め込まれている（創建時のものはくらし館手前の芝生に展示されている）。

あったのかどうか、今ではわからない。

移築にあたっては、建設した明治45（1912）年のときの簡単な設計図を参考に、実測を加え復元したという。石が組み合わさった部分には、再び組み立てるために個々に番号をしるしていたようで、その痕跡がかすかに見える。

現在、わたしたちはガスを熱源として使用している。しかし、最初にガスに接したのは明かりとしてで、ガス灯は文明開化を象徴するものでもあった。

こうしたことからガスミュージアムの前庭には、パリ、ロンドン、横浜など国内外で使用されていたさまざまな形状のガス灯17基が展示されている。

（上）正面から見てくらし館の建物左側は、煉瓦がジグザグ状になっていて、このまま煉瓦を足せば増設できるようになっている。
（下）アーチ形状の窓。このように開口部を大きくすると左右の壁にかかる力が増すので両端の柱型で荷重を支える構造になっている。

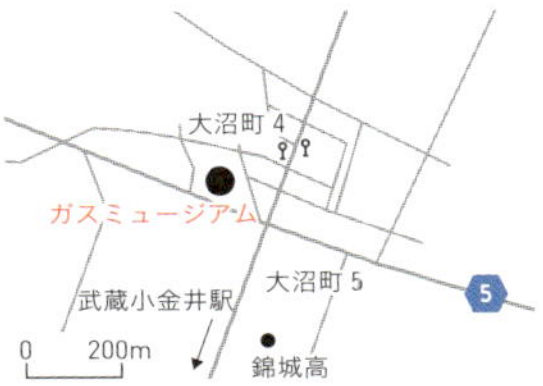

●所在地：小平市大沼町4-31-25
●電話：042-342-1715
●アクセス：JR「武蔵小金井駅」よりバス「ガスミュージアム」下車、徒歩約3分

●写真提供：東京ガス、TownFactory ●図面提供：東京ガス

Column

街に溶け込んだ煉瓦の風景

東京煉瓦散歩

東京の街を歩くと煉瓦造りの建物や施設を目にすることがある。こうした建造物が建てられた発端は、明治5（1872）年に起きた、和田倉門付近から出火し銀座や築地一帯を焼き払った大火災である。そのため、家屋の不燃化を目標に煉瓦造りによる街並が建設された。

その後、数多くの煉瓦建築物、建造物が造られた。しかし大正12（1923）年の関東大震災、昭和になっての戦災などで崩壊、焼失し、現在往時の面影を残しているのは少なくなった。

とはいえ、東京23区には煉瓦の建築物や建造物が街の風景に溶け込んで残っている。その、ほんの一部を辿ってみる。

1 水元公園閘門橋《こうもんばし》

●所在地：葛飾区西水元6-23
●大場川に架かる煉瓦造り5連アーチの閘門橋。

3 六義園《りくぎえん》の煉瓦塀

●所在地：文京区本駒込6
●柳沢吉保の下屋敷跡の外周に立つ煉瓦塀。

4 庚嶺坂《ゆれいざか》の煉瓦塀

●所在地：新宿区神楽坂1
●外堀通りから見て四谷側、庚嶺坂の煉瓦塀。

2 旧岩崎邸庭園の煉瓦塀

●所在地：台東区池之端1-3-45
●無縁坂に沿って伸びる旧岩崎邸庭園の煉瓦塀。

5 旧御所トンネル

●所在地：新宿区若葉〜四谷間
●総武線下り列車が走る、都内で最も古い煉瓦造りのトンネル。

6 スコットホール（早稲田奉仕園）

●所在地：新宿区西早稲田2-3-1
●J.E.スコット夫人の献金で竣工した煉瓦造りの講堂。

7 旧豊多摩刑務所表門（中野刑務所跡地）

●所在地：中野区新井３
●煉瓦造りの表門。現在、敷地は「平和の森公園」となっている。

8 旧乃木邸馬小屋

●所在地：港区赤坂8-11-32
●乃木希典の屋敷地に残る煉瓦造りの馬小屋。

9 慶應義塾大学（三田キャンパス）・図書館旧館

●所在地：港区三田2-15-45
●創立50年記念事業として建てられた煉瓦造りの図書館。

10 明治学院大学（白金キャンパス）

●所在地：港区白金台1-2-37
●明治学院記念館（上）と明治学院チャペル（礼拝堂）（下）。

11 旧大井町変電所（JR東日本東京総合車両センター内）

●所在地：品川区広町
●大井町から品川に向かう車窓左手に見える煉瓦造りの建物。

12 六郷水門

●所在地：大田区南六郷2-35
●多摩川改修工事で設けられた煉瓦造りの水門。

13 JR高架下

山手線新橋駅から秋葉原駅にかけてのＪＲ高架下は煉瓦構造になっている。ゆっくり歩いて約２時間の行程。

新橋〜有楽町間

ホーム下にはアーチが連続する。

大小のアーチが組み合わさった構造。

有楽町〜東京間

汚れているが変化に富んだパターン。

アーチ間を飾る3つの小さなアーチ。

色の異なる煉瓦を整然と配置している。

山手線、京浜東北線下のイギリス積みの橋脚。

神田

新橋駅や有楽町駅のアーチよりやや大きめ。

高架下、堅牢な石造り橋脚の土台部分。

秋葉原周辺（神田〜御茶ノ水間）

万世橋駅のあった高架橋は商業施設に。手前は神田川。

煉瓦造りの旧万世橋駅と石造りの万世橋の親柱。

横浜港大桟橋側から見た赤レンガ倉庫。背後に建ち並ぶビル群と織りなす風景は、横浜の過去と現代に出会う地域でもある。

神奈川県
横浜市

横《よこ》浜《はま》赤《あか》レンガ倉《そう》庫《こ》

（旧横浜新港埠頭保税倉庫）

横浜の過去と現在を結ぶ赤煉瓦建築物

横浜港に面した横浜みなとみらい21地区一帯を大桟橋側から見ると2棟の赤煉瓦建築が目に入る。横浜市民から「ハマの赤レンガ」と呼ばれ親しまれてきた横浜赤レンガ倉庫、1号倉庫と2号倉庫である。背後にはランドマークタワーやオフィスビル群、観覧車などの高層建築物が林立し、現在と過去とが妙にマッチしている風景である。

貿易港ならではの倉庫

横浜赤レンガ倉庫の建設当時の正式名称は新港埠頭保税倉庫。保税とは輸入品に関税の賦課《ふか》を留保することで、輸入手続きが終了していない輸入品を保管する倉庫のことをいう。つまり2棟の倉庫は、輸入品の保管

2号倉庫。竣工当時のまま全長150mの姿を残している。

1号倉庫。元々は2号倉庫と同じ全長150mだったが、関東大震災による損壊で小さくなってしまった。

を目的に造られたものである。

当時最先端の技術、設備を備えた

建物の設計は、旧醸造試験所第一工場（P31）などを設計した妻木《つまき》頼黄《よりなか》率いる大蔵省建築部による。1号倉庫、2号倉庫と銘打っているが、実際に建てられたのは2号倉庫が先（明治44［1911］）年、大正2（1913）年には1号倉庫が完成した。

2棟とも煉瓦造り3階建てで、背面にはベランダを設置。日本初の荷物用エレベーターのほか、避雷針、消火栓、重さ400kgの防火壁など、当時最新鋭の設備を備えていた。

煉瓦の一部は、屋根瓦と同じく三河で作られたものだと改修時に判明した。イギリス積み（ともいえるオランダ積み）を採用、地上の表積みは極上磨き煉瓦を、裏積みや塗り下には並上煉瓦を、腰や窓台、笠積みには鼻黒《はなくろ》煉瓦（焼締《やきしめ》煉瓦）と使い分けられている。さらに厚みは1階が3枚積み（壁厚約70cm）、上階が2・5枚積み（壁厚約58cm）となっている。

なお、この2棟で使用した煉瓦は一般のものよりひと回り大きく、長手225×小口109×厚さ61.6mm、使用した煉瓦の数は合計で約640万個といわれている。

工事では、明治24（1891）年に起きた濃尾地震を教訓として、煉瓦と煉瓦の間に帯状鉄を水平に組み込み、垂直に差し込んだ鉄棒で要所を固定していく碇聯鉄《ていれんてつ》構法という当時としては画期的な工法を採用した。

このために大正12（1923）年に起きた関東大震災で、2号倉庫の損壊はなく、1号倉庫の損壊も30％程度にとどまった。このときに受けた被害のため全長は1号倉庫のほうが小さい。

2棟の赤レンガ倉庫は、平成元（1989）年に保税倉庫としての役割を終え、しばらく放置されていたが、平成14（2002）年、1号倉庫は文化施設、2号倉庫は商業施設に生まれ変わった。一帯は広場と公園を備える赤レンガパークとなり、横浜みなとみらい21地区の代表的な観光施設になっている。

米国オーチスエレベーター製で、日本最古の荷役用エレベーター。ベランダのある裏側に、1号倉庫には3基、2号倉庫には2基設置されていた。いまも1基だけ1号倉庫に展示・保管されている。

3階部分は一部2層構造になっていて、クレーン室として使われた。1、2号倉庫ともにクレーンが4基設置されていたが、関東大震災後は撤去、窓に改造された。

竣工当時の姿に忠実に復元された、先端から台座の下端まで高さ3mもある避雷針。現在も避雷針としての機能を果たしている。

●所在地：横浜市中区新港1-1-1
●電話：045-211-1515（1号倉庫）／045-227-2002（2号倉庫）
●アクセス：JR「桜木町駅」より徒歩約15分

●写真提供：高橋映次

横浜の発展を象徴する歴史的建造物

横浜市開港記念会館の時計塔は、横浜三塔の一つに数えられ「ジャックの塔」と呼ばれている。ほかの二塔は、神奈川県庁本庁舎「キングの塔」、神奈川税関本関「クイーンの塔」。

重文

神奈川県
横浜市

横浜市開港記念会館《よこはましかいこうきねんかいかん》

（旧開港記念横浜会館）

安政6（1859）年、横浜港は日米修好通商条約にもとづき、現在の関内《かんない》付近に開かれ、以後、貿易港として活況を呈するようになった。小さな集落にすぎなかった横浜は開港を機に栄え、開港50年の大正7（1918）年7月1日には横浜市の公会堂として、開港記念横浜会館（以下、記念会館）がオープンした。

記念会館は大阪市中央公会堂（P122）とならび大正期の二大公会堂建築に数えられ、建物の構造などを除き共通点が多い。建設時期がほぼ同時期であったこと。建設資金が人数の違いこそあれ市民の寄付で賄われたこと。デザイン設計が一般公募、つまり「コンペ」であった（＊）ことなどである。

震災復旧後は戦火も免れる

建築様式は赤煉瓦に白い花崗岩をめぐらせた辰野式フリー・クラシック（単に辰野式とも）を採用。通りに面した3カ所の隅には時計塔、角塔、八角塔を設け、アーチ形の窓や丸窓、屋根上のドーマー窓を配し、ドームをかけた構成となっている。中でも「ジャックの塔」と呼ばれている時計塔は高さ約36mの鉄骨煉瓦

ネオ・ルネサンス様式を採用したデザインで、赤煉瓦と白い花崗岩のコントラストが美しい。

＊：コンペで第一席を獲得した東京の技師、福田重義の案を原案として、横浜の技師、山田七五郎、矢代貞助、佐藤四郎といった技術陣がさらにブラッシュアップし、建設にこぎつけた。

造りで、当時の技術水準の高さを示すものである。また内部の造作は、手の込んだ装飾が施されている。

　ところが大正12（1923）年の関東大震災で時計塔と壁体のみを残し焼失、屋根のドーム群も失われた。その後の震災復旧工事では、構造補強を施したうえで復元（ドーム群は除く）。内装は新たなデザインになった。8000～1万人以上の命を奪った昭和20（1945）年5月29日の横浜大空襲では、一帯が焼け野原になったが、記念会館は被害を免れ生き残った。

　終戦後の昭和20（1945）年から米軍に接収されていたが、開港100周年にあたる昭和33（1958）年に返還。翌年横浜市中区公会堂として位置づけられ、横浜市開港記念会館と命名された。

　その後、昭和60（1985）年に創建時の設計図が発見され、昭和63（1988）年からドーム群復元工事に着手、平成元（1989）年6月16日、大正時代そのままの姿によみがえった。現在も公会堂として一般に開放されている。

南西隅の八角塔。屋根のドーム部分も八角形である。

八角塔の南側、みなと大通りに面した窓の外（右）と中（左）。気品ある外見と同様、内部もとても上品な構成となっている。

（左）ステンドグラスは宇野沢組ステンドグラス製作所による昭和2（1927）年の作品。横浜をモチーフにした和風のデザインが外観とは違う印象を与えてくれる。
（右）1階、2階合わせて最大約480名収容できる大正末期のロマン溢れる雰囲気が漂う講堂。各種イベントに利用されている。

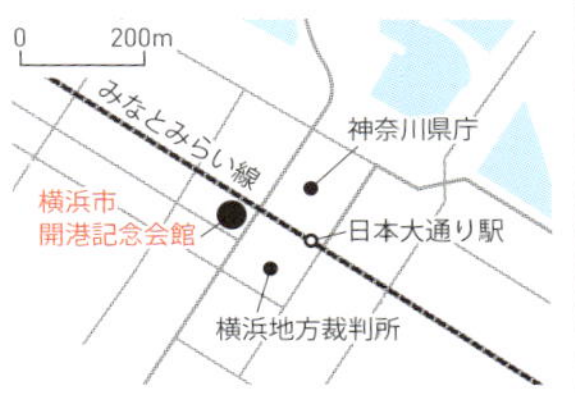

●所在地：横浜市中区本町1-6
●電話：045-201-0708
●アクセス：みなとみらい線「日本大通り駅」より徒歩約2分

●写真提供：後藤尚彦

帝都への敵侵入を防ぐ 東京湾要塞の要となる砲台

鬱蒼とした樹木が光を遮っている上り勾配の切通し。石積みされた右側壁面の前後にフランス積みの兵舎（右手前）や弾薬庫（右奥）が並ぶ。

神奈川県 横須賀市

猿《さる》島《しま》砲《ほう》台《だい》跡《あと》

横須賀・三笠桟橋から船に乗り約10分。周囲約1・6㎞の東京湾内最大の自然島、猿島に着く。東京湾要塞の砲台の一つとして猿島に砲台が造られたのは、明治17（1884）年のことである。

東京湾要塞とは東京湾岸一帯に築かれた軍事施設のことで、帝都・東京の防衛などを目的に明治13（1880）年から砲台などの建設がはじまった（*1）。

要塞独特の造りが残る

猿島砲台は、東京湾への敵艦の侵入阻止や横須賀・長浦の二つの軍港（*2）の防御を目的として陸軍が建設。猿島砲台には元々、第一・第二と二つの砲台があって、いまも煉瓦造りの砲台付属施設跡やトンネルなどが残る。オランダ積みのほか、全国的に稀少なフランス積みを見られるのが特徴だ。

猿島砲台跡の見どころは、砲台に至るルートにある。まずは、石積み

（右）切通しは日当たりが悪く、両側の石積みの壁は苔で覆われている。要塞は人目につかないように周囲より低くした部分に築かれる。
（左）東京湾に浮かぶ猿島。いまは無人島になっている。

*1：東京湾を囲むように、千葉県館山市から富津市にかけての沿岸と浦賀水道を挟んだ対岸の神奈川県三浦市から横須賀市にかけての沿岸に築かれた。
*2：横須賀鎮守府や横須賀海軍工廠があった。
*3：この煉瓦造りの空間の上に、第二砲台がある。

された上り勾配の切通し。そこにフランス積みした煉瓦の兵舎や弾薬庫が並ぶ（*3）。その先に続くのは、全長90mある煉瓦アーチのトンネル（*4）、内側はフランス積みである。トンネルの内部は中央部が盛り上がっており、地下施設（*5）への入口がある。なお、これら初期に造られた砲台主体部は先に述べたようにフランス積みが採用されているが、その後、増設した観測所や発電所はオランダ積みが採用されている。

　猿島砲台に使用された煉瓦は、刻印から2種類あることがわかる。一つは砲台主体部で見られる三河の東洋組西尾士族就産所製の煉瓦。もう一つは、その後に造られた建造物で見られる小菅《こすげ》煉瓦。桜の刻印のある小菅煉瓦は東京・小菅集治監《しゅうちかん》の囚人が作ったものだ。

（上）大小二つ、並んだアーチが美しい弾薬庫跡。
（下）長さ90mのトンネル。中央部が盛り上がっていて、左側に司令部などの地下施設へつながる入口がある。

海を守るから空を守るへ

　海からの攻撃に備えた猿島砲台は航空機が発達するなか使われることがないまま、大正12（１９２３）年の関東大震災で破損。その後、昭和２（１９２７）年、陸軍から海軍へ移管されると高角砲《こうかくほう》（*6）が設置され、空を守る役割が与えられた。さらに、終戦から昭和36（１９６１）年まではアメリカに接収されたが、紆余曲折を経て平成15（２００３）年、横須賀市が国から無償譲与を受け猿島公園として整備し、現在に至っている。

　なお、猿島砲台跡は平成27（２０１５）年、国の史跡に指定された。

　昨今、インスタ映えする場所としてこの非日常的な空間に訪れる見学客も多い。平成29（２０１７）年には約18万人が訪れている。

発電所跡の煙突部分。煉瓦の上にモルタルを塗っているが、剥げ落ちた部分からオランダ積みの煉瓦が顔をのぞかせている。

●所在地：横須賀市猿島１
●電話：046-825-7144（猿島航路）
●アクセス：横須賀市三笠桟橋より船で約10分

*4：トンネルの先に第一砲台がある。
*5：２階建てで司令部や弾薬庫として使用されていたとのことだが、現在は非公開。
*6：地上から航空機を攻撃するために作られた火砲。同じものを陸軍では高射砲、海軍では高角砲と呼んだ。

●写真提供：織田寧人

重文

埼玉県深谷市

日本《にほん》煉瓦《れんが》製造《せいぞう》　旧《きゅう》煉瓦《れんが》製造《せいぞう》施設《しせつ》

近代日本の煉瓦建築物を実現した煉瓦製造の拠点

ホフマン輪窯六号窯内部。壁がイギリス積み、ヴォールト天井は小口積み。平面形状は陸上競技のトラックのような小判形である。

東京駅丸の内駅舎（P14）、赤坂迎賓館（旧東宮御所）、日本銀行本店本館、法務省旧本館（P21）、旧三菱一号館（P18）といった建築物やJR信越線の碓氷第三橋梁（P49）など、明治に造られた主要な建造物には日本煉瓦製造の赤煉瓦が使われていた。

煉瓦の大量生産を担った新会社

日本煉瓦製造は明治20（1887）年に、明治政府の意向を受けて創業を開始。会社設立には深谷《ふかや》市出身で「日本資本主義の父」ともいわれた渋沢栄一、三菱財閥を支えた増田孝ら5名の実業家が携わった。設立資金も、お金のない明治政府に代わって彼らが出資した。

深谷の地が選ばれたのは、瓦生産が盛んで煉瓦素地となる良質な粘土が採れたこと、利根川～江戸川～隅田川と東京へ煉瓦を運ぶのに水運が見込まれたことによる。渋沢自身がそのことを知っていたのだ。

窯はドイツ人技師フリードリッヒ・ホフマンが考案した当時の最新式のホフマン式輪窯《わがま》（＊）を採用、蒸気機関、素地製造器などはドイツから輸入された。工場建設は清水組（現・清水建設）が請け負った。

明治22（1889）年には二号窯、三号窯が完成し、最盛期には6基の窯が稼働していた。明治28（1895）年には深谷駅から工場まで日本初の鉄道専用線が敷設され、各地へ煉瓦が出荷されていった。しかし時代の波に押され、平成18（2006）年、創立120周年を迎える前に、そ

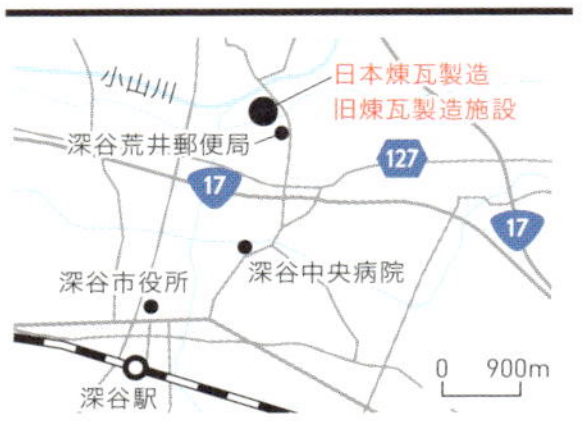

●所在地：深谷市上敷免28番地10
●電話：048−577−4501（市教育委員会）
●アクセス：JR「深谷駅」より徒歩約60分

＊：輪状に仕切られた16もしくは18の焼成室をもち、熱効率のよい仕組みで長期連続操業、煉瓦の大量生産に適している窯。

の歴史に幕を閉じた。

いまも敷地内に残る六号輪窯、旧事務所、旧変電室は平成9（1997）年に国の重要文化財に指定された。平成19（2007）年に深谷市に寄贈され、土日には一般公開されている。

ホフマン輪窯六号窯

現在残っている窯は六号輪窯のみ。窯は全長56・5m、幅20m、高さ3・3mの総煉瓦構造で、内部には18の焼成室があり、各室には煉瓦の搬出入口、燃料である石炭投入口、排煙口が設置されていた。窯詰め、余熱、焼成、冷却、窯出しの工程を順次行い、月に65万個の煉瓦を生産していたという。煙突も煉瓦造りだったが、関東大震災で崩壊、現在の鉄筋コンクリート構造となった。この六号輪窯は昭和43（1968）年まで、約60年間煉瓦を焼き続けた。

六号窯は日本に現存するホフマン輪窯4基のなかでも一番大きい。操業当時、窯は3階建ての木造上屋に覆われ、2階に燃料投入室、3階には煉瓦乾燥室があったが、現在、上屋は撤去されている。煙突に見える線はそこまで上屋があったことを示している。

日本煉瓦史料館
（旧事務所）

旧事務所は、煉瓦工場の建設および煉瓦の製造指導にあたったドイツ人技師ナステンチェス・チーゼの居宅兼事務所だった建物。明治21（1888）年の完成で木造平屋建て。チーゼが帰国した後は会社の事務所として使用されていたが、昭和53（1978）年からは史料館として、会社の創立から現代にいたるまでの史料を展示している。

現在史料館として使われている旧事務所。間口27m、奥行16mの木造平屋建て。瓦葺き、外壁は板張り、基礎は煉瓦積み。内部の天井と壁は漆喰塗り。裏側には3mのベランダがある。

旧変電室

史料館の裏手には明治39（1906）年に完成した煉瓦造り平屋建ての旧変電室が残る。なかには変電施設があった。煉瓦の需要に応えるため日本煉瓦製造はいち早く電力導入を開始。市内で最初に電灯線を引いたのもこの会社であったという。

旧変電室は間口5.83m、奥行4mの煉瓦造り平屋建物。切妻屋根、コロニアル葺きとなっている。内部の壁は漆喰塗り、床は板張り。

TOPICS

深谷は渋沢ゆかりの地

日本煉瓦製造の工場は渋沢の実家のすぐ近くに建てられた。その渋沢の喜寿を祝って、大正5（1916）年に東京・世田谷に建てられた記念堂「誠之堂」が深谷に移築されている（写真）。煉瓦造り平屋建てで、外観はイギリス農家風、中国・韓国・日本など東洋的なデザインが取り入れられている。平成15(2003)年には、国の重要文化財に指定された。

●所在地：深谷市起会110番地1
●電話：048-577-4501（市教育委員会）
●アクセス：JR「深谷駅」より徒歩約50分

●写真提供：深谷市教育委員会

埼玉県
長瀞町・皆野町

荒川橋梁《あらかわきょうりょう》

SLが走る 長さ150m超の橋

ドローンで上空から撮影した荒川橋梁。この辺りは長瀞渓谷と呼ばれラフティングなどのレジャースポーツが盛ん。長瀞ライン下りのコースにもなっている。

親《おや》鼻《はな》鉄橋と称される秩父鉄道の荒川橋梁は、大正3（1914）年の完成。イギリス積みによる煉瓦造りの橋脚をもつ鉄道橋である。行楽地として知られている長瀞《ながとろ》渓谷（荒川）を秩父本線の上長瀞駅～親鼻駅間で渡り、秩父鉄道の橋としては最長の153mを誇る。

この橋梁は、両岸の橋台と5本の橋脚で支えられている。橋台（橋脚）間の長さ（径間長）は均一ではなく、径間長の異なる3種類の桁を使っている。

高さ約20mの橋脚は断面が楕円形で上に行くにしたがって細くなっている。建設当時は4段の煉瓦積みだったが、現在は3段に組まれた煉瓦の上にコンクリートで補強がなされている。秩父本線は熊谷駅から三峰《みつみね》口《ぐち》駅までの区間を、50km以上荒川に沿って走行しているが、荒川を渡るのは、唯一、この場所だけである。

なお荒川橋梁は、土木学会によって、「近代土木遺産」に選出されている。

4段の煉瓦積みのうち、最上段をコンクリートで補強した橋脚。下が太く上が細くなることで重さを受け止めている。水切り部には花崗岩が使われている。

長瀞ライン下りの親鼻橋～岩畳コースの途中で、荒川橋梁をくぐる場所がある。

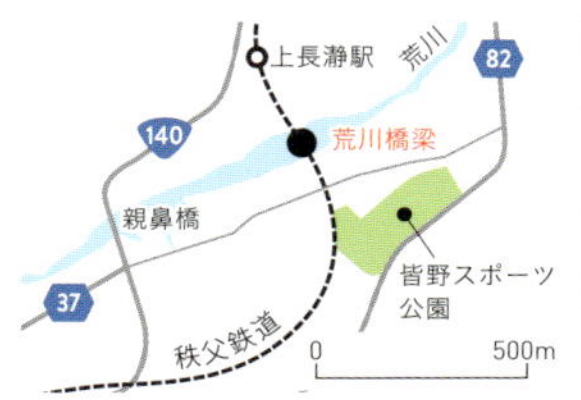

●所在地：秩父郡長瀞町・皆野町（町境）
●電話：048-523-3313（秩父鉄道）
●アクセス：秩父鉄道「上長瀞駅」より徒歩約5分

重文

群馬県
安中市

碓《うす》氷《い》第《だい》三《さん》橋《きょう》梁《りょう》

碓氷峠を越えるため橋を造り鉄路を敷いた

約200万個の煉瓦を使ったといわれる碓氷第三橋梁。ここへ行くには、JR横川駅に隣接する体験型鉄道テーマパーク「鉄道文化村」からトロッコ列車（例年12月から３月は運休）で終点の峠の湯駅まで行き、そこから２kmほど歩く必要がある。

関東と日本海側を結ぶ信越本線のうち、横川駅（群馬）と軽井沢駅（長野）区間には急峻な碓氷峠が横たわり、未開通のままであった。そこに26のトンネルと18の橋梁を造り、車両が急勾配を上ることのできるアプト式システム（*1）を用いることで、明治26（1893）年、全線が開通した。このとき造られた橋の一つが碓氷第三橋梁である。

一般的には「めがね橋」の愛称で親しまれている碓氷第三橋梁は、碓氷川に架かる煉瓦造り4連アーチの鉄道橋。全長91m、川底からの高さ31mで、現存する煉瓦造りの橋梁としては日本最大の規模である。設計は、鉄道作業局技師長として招聘されたイギリス人技師のパウナルと古川晴一が担当した。

その後第三橋梁は、新線が開通される昭和38（1963）年まで使用された。現在、アプト式線路が敷かれていた橋の上は遊歩道になっていて、渡ることができる。

平成5（1993）年には、碓氷峠鉄道施設として、ほかの4つの橋梁など（*2）とともに重要文化財に指定された。

かつてアプト式の線路が敷設されていた橋梁上部。現在は線路が取り払われ、遊歩道になっている。

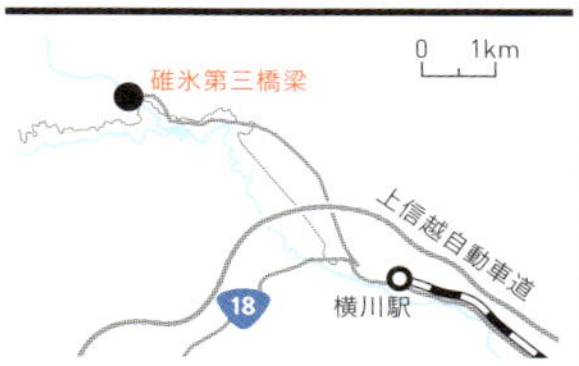

●所在地：安中市松井田町坂本
●電話：027-382-1111（市観光課）
●アクセス：上信越自動車道松井田妙義ICより車25分
トロッコ列車「峠の湯駅」より徒歩約30分

明治45（1912）年に建設された碓氷峠鉄道施設の一つ、重要文化財の旧丸山変電所。トロッコ列車で峠の湯駅へ向かう途中にある。

*1：スイス人のアプトが考案。線路中央に敷いた歯形のレール（ラックレール）と車両についた歯車が噛み合うことで、坂道でも列車が滑らない。
*2：建設当初は18の煉瓦橋梁があったが新線の開通にともない使われなくなり、現在、残っている第二橋梁から第六橋梁までの合計5橋梁が重要文化財に指定されている。

●写真提供：後藤尚彦

国宝
世界遺産

群馬県
富岡市

旧富岡製糸場《きゅうとみおかせいしじょう》

殖産興業政策のもと国家経済の発展を担った

ニュース映像でよく映し出される東繭置所。中央のアーチが旧富岡製糸場の正面入口になっていた。旧富岡製糸場は、世界の絹文化の発展に大きく貢献した日本の絹産業の拠点施設だ。

平成26（2014）年、世界文化遺産に登録された「富岡製糸場と絹産業遺産群」は、日本の近代化を象徴する存在である。

製糸工場建築の模範

幕末の動乱を経て発足した明治新政府が欧米列強に追いつくためには、

広大な敷地と長大な建物群

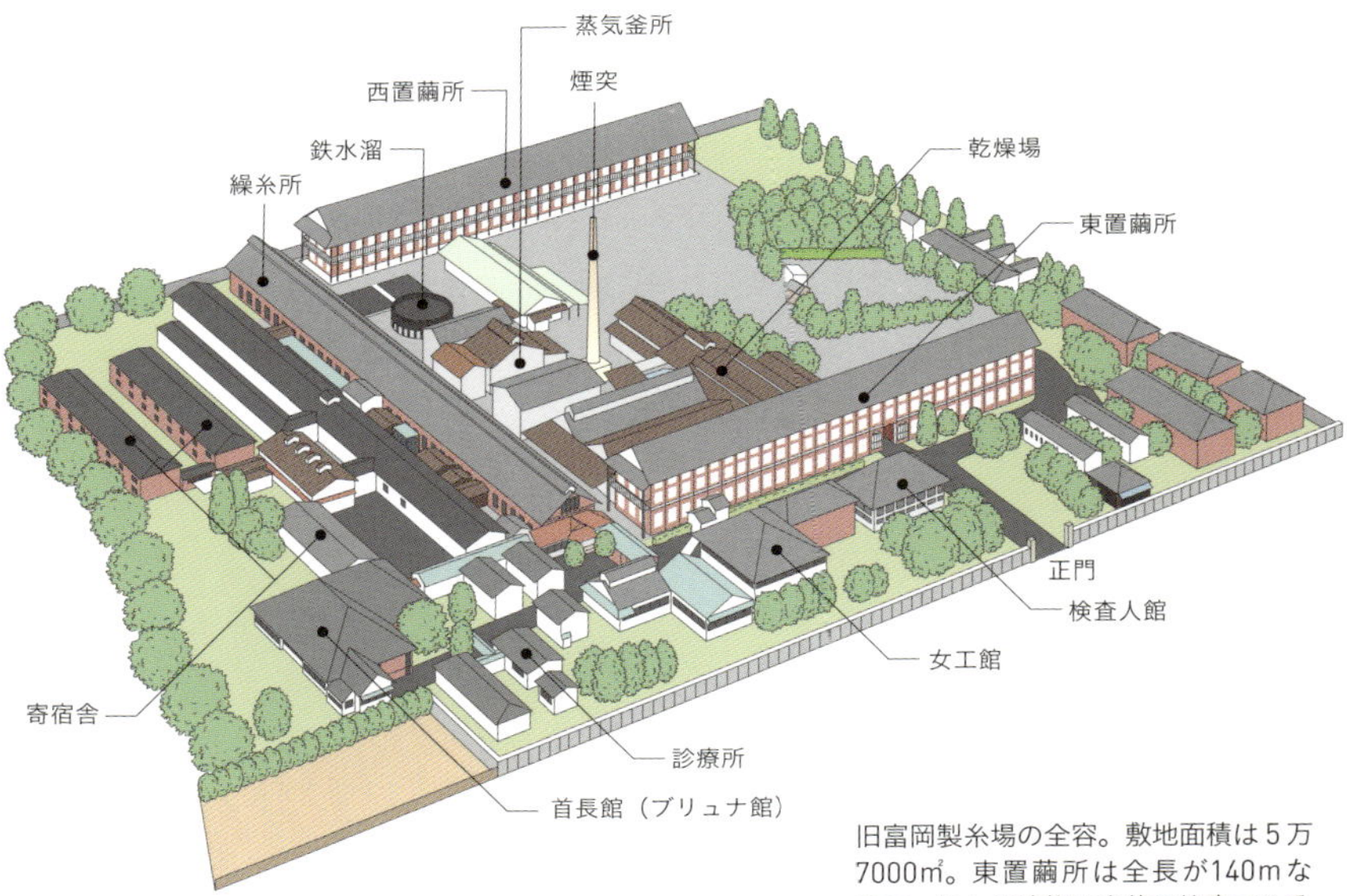

旧富岡製糸場の全容。敷地面積は5万7000㎡。東置繭所は全長が140mなので、ほかの建物や全体の比率でみると、いかに広いかがわかる。

国家の強靭化《きょうじんか》と近代化が重要な課題であった。それには、輸出促進などを目指し、近代産業を育成することが欠かせなかった。当時、最大の輸出品は生糸《きいと》。だが、需要が高まり生産が拡大すると粗製濫造の問題が発生した。そこで政府は、洋式の繰《そう》糸《し》器械を備えた官営模範工場をフランス人のポール・ブリュナの指導のもと設立することに。工場の建設地は、富岡に決定した（*1）。

こうして明治5（1872）年、官営模範器械製糸場（富岡製糸場）が完成、操業が始まった。その後、民間に払い下げられたため、昭和13（1938）年に富岡製糸場として独立したが、翌年、現在の片倉工業に合併され、製糸業の衰退にともない昭和62（1987）年、操業を停止した。

その後も同社によって建物は保管され、平成17（2005）年、建物一切が富岡市に寄贈された。

平成7（1995）年に国の史跡に、平成18（2006）年には主な建物が重要文化財に、また世界文化遺産に登録された平成26（2014）年には、繰糸所《そうしじょ》と西置繭所《にしおきまゆじょ》、東置繭所の3棟が国宝に指定された。

建設当時、世界最大規模を誇った旧富岡製糸場の敷地面積は、5万7000㎡。ニュース映像で映るのはほんの一部でしかない。

旧富岡製糸場の主な建物の構造は、木の骨組みに煉瓦で壁を積み上げる木骨《もっこつ》煉瓦造り。屋根は日本瓦で葺くなど、日本と西洋との建築技術が融合している。石材や木材、煉瓦や漆喰などの建築資材は周辺で調達した。

東置繭所の正面入口のアーチ上部には、工場が完成した「明治五年」と刻まれた要石がはめ込まれている。

当時、一般的な建材でなかった煉瓦は、明戸《あけと》村（現在の埼玉県深谷《ふかや》市）から瓦職人を集め、原料となる良質の粘土を産出する福島町（現在の群馬県甘楽町《かんらまち》）に設置した窯で焼き上げたもの。こうして焼き上げられた煉瓦は、「フランス積み」という方式で積み上げられ、壁を形成した。

繰糸所《そうしじょ》

繭から糸を取る作業を繰糸《くりいと》という。繰糸所は旧富岡製糸場の中心的な建物で、繰糸が行われていた。

正面入口から入って左側、敷地中央南寄りに位置する全長が140・4mの縦長の建物で、梁間は12・3mある。木骨煉瓦造り平屋建て、桟瓦葺き（*2）。小屋組みは木造のキングポストトラス。屋根の大きな窓ガラスはフランスから輸入したもので、繰糸作業時の手元を明るくするための措置である。

この巨大な建物の中に、300釜のフランス式繰糸器が設置されていた。

建設当時、世界最大規模といわれた繰糸所。屋根にトラス構造を用いることで大空間を作り出すことができた。

東置繭所《ひがしおきまゆじょ》・西置繭所《にしおきまゆじょ》

繰糸所の北側に建つ2棟の繭倉庫で、繰糸所とともに3棟で「コ」の字をなすように配置されている。繰糸所を背にして右が東置繭所、左が西置繭所。繰糸所と同様に南北に長く全長140・4m、梁間は12・3m。木骨煉瓦造り2階建てで、屋根は切妻造り桟瓦葺きである。繭を乾燥し保管するには風通しが重要で

*1：建設地は、原料となる良質の繭や工場に必要な用水、燃料を安定的に確保できることが不可欠であった。
*2：桟瓦葺きとは、平瓦と丸瓦を一体化させた瓦のこと。平瓦と丸瓦を組み合わせて葺く本瓦より軽く加工もしやすいので広く普及した。

多数の窓を備えている。風通しのよい2階部分を繭の倉庫として主に使用した。

首長館《しゅちょうかん》

富岡製糸場の指導者として雇われたフランス人、ポール・ブリュナ一家が生活した建物で、明治6（1873）年に竣工。木骨煉瓦造り平屋建て寄棟造り桟瓦葺きのコロニアル様式で床が高く、四方にベランダ、窓には鎧戸を付けた風通しのよい造りになっている。L字形の平面で、東西33m、南北32・5mの規模である。国指定の重要文化財。

蒸気釜所《じょうきがましょ》

ボイラーと蒸気機関が設置されていた建物で国指定の重要文化財。木骨煉瓦造り桟瓦葺きの南北棟と木造鉄板葺きの東西棟とに分かれている。後に増改築され煮繭場《しゃけんじょう》・選繭場《せんけんじょう》として使われた。

蒸気釜所の西隣には、蒸気をつくるための石炭ボイラーから発する煙を排出する煙突がある。

検査人館

東置繭所と女工館に隣り合う木骨煉瓦造り2階建て、寄棟造り、桟瓦葺きのコロニアル様式の建物。生糸の検査などを担当したフランス人男性技術者の住居として使用した。明治6（1873）年竣工。東西10・9m、南北18・8mの規模である。国指定の重要文化財。

西置繭所の東面ベランダ。南面にもベランダが設けられている。東置繭所は西面と南面にベランダがある。温度や湿気によって繭の品質が影響を受けないように窓には鉄扉を使用している。

首長館は高床で回廊式のベランダをもつ。床下には食料貯蔵庫として使用したと思われる煉瓦造りの地下室が3室残っている。

蒸気釜所と煙突。創建当初の煙突は明治17(1884)年に倒壊。現在の煙突は昭和14(1939)年に建てられたもので、高さ37・5mのコンクリート製。

女工館

首長館や検査人館と同じく明治6（1873）年の竣工で、木骨煉瓦造り2階建て、寄棟造りで、桟瓦葺きの建物である。国指定の重要文化財。

検査人館はフランス人男性技術者の住居だが、こちらは日本人の工女に技術を教えるために雇われた4人のフランス人女性の住居として建てられた。女性たちは、誰一人として任期を全うすることなく帰国してしまったため、すぐ空き家になり、その後は会議室や食堂などとして使われた。

鉄水溜《てっすいりゅう》

製糸に必要な水を溜めておくために明治7（1874）年に造られた、直径15m、深さ2・4mの鉄製の水槽（国指定の重要文化財）。当初は煉瓦造りモルタル塗りだったが後に鉄製にした。貯水量は400tで、鉄製国産構造物としては現存する最古のものである。

そのほか、敷地内の重要文化財には、明治5（1872）年、1872年に煉瓦を主体として築かれた下水《げすい》竇《とう》および外竇《がいとう》（*3）がある。ほぼ完全な形で残っており、現在でも雨水用排水路として利用されている。

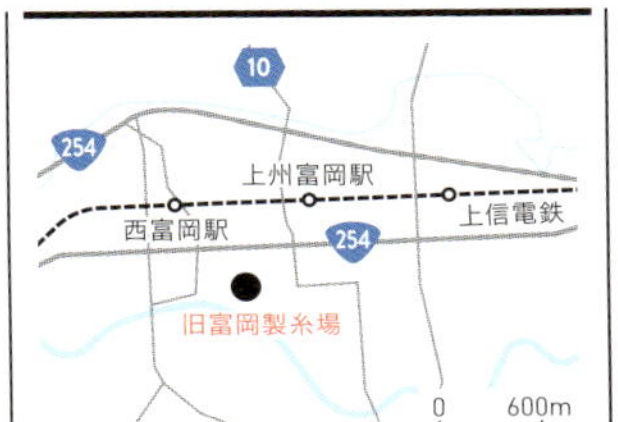

●所在地：富岡市富岡1-1
●電話：0274-67-0075
●アクセス：上信鉄道「上州富岡駅」より徒歩約20分

検査人館。和風の破風をもった玄関が北と西の2カ所あり、壁面や窓は洋風の和洋折衷の建物。正門を入って左側にあり、現在は管理事務所として使用している。

女工館。外付けの階段を上った2階にはベランダがあり、天井は板を格子状に組んだ格天井。また、窓ガラスの外側に鎧戸《よろいど》が設けられているが、直射日光を避ける工夫ではないかと考えられる。

製糸場で使う水を繰糸に適した軟水にするために使用された鉄水溜。当初は煉瓦積みだったが、水漏れが激しくなり鉄製に造りかえられた。土台の礎石も当初は2段積みだったが、現在は5段積みとなっている。

*3：工場排水と雨水排水のために造られた排水溝。

重文

栃木県
野木町

旧下野煉化製造《きゅうしもつけれんがせいぞう》 煉瓦窯《れんががま》

中央に煙突のある煉瓦窯。内部は16室に分かれ、外壁は16カ所にアーチ形の出入口が設けられている。上屋は木造、屋根は鉄板葺き。

赤煉瓦製造を目的に下野煉化製造が創立されたのは、明治21（1888）年。近隣では原料となる良質な粘土が産出し水運など製品輸送も容易であることから（*1）、翌年から製造がはじまった。当初は登窯《のぼりがま》1基だけだったが、明治23（1890）年にホフマン式輪窯《わがま》（*2）と呼ばれる当時最新鋭の煉瓦窯（東窯）が完成、2年後には西窯（後に関東大震災で倒壊）も完成した。現在まで残る東窯は、重要文化財に指定されている。

大量生産を可能にした輪窯

高さ約34・7mの煙突をもつ煉瓦窯はイギリス積みとフランス積みが混在した煉瓦造りで、外周は約100m。内部は16のトンネル形の窯をリング状に並べた造り。半永久的に運転することができる連続焼成窯で、1窯あたり1万7000個、16窯合計で約27万2000個もの大量の煉瓦を製造することが可能であった。製造量は増大し、大正期、昭和期にわたって工場や鉄道建設のための煉瓦を供給した。

ホフマン式輪窯は終戦後の昭和26（1951）年には全国に50基ほどが稼働していたという。本窯は昭和47（1972）年に煉瓦需要の衰退によって製造を中止した。

なお、平成27（2015）年に保存補修工事が終了、あわせて野木ホフマン館も開館し、煉瓦窯の見学や体験学習などができる。

内部は幅3.3m、ヴォールト天井の高さは2.8m。隔壁のない16室に分かれている。

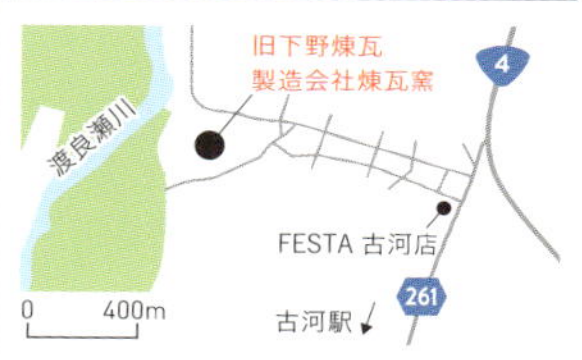

●所在地：下都賀郡野木町大字野木3324-10
●電話：0820-33-6667（野木ホフマン館）
●アクセス：JR「古河駅」より徒歩約35分

*1：隣接する渡良瀬遊水地から良質な原料用粘土と川砂が採取でき、製品輸送には渡良瀬川が利用できた。
*2：ドイツ人技術者のフリードリッヒ・ホフマンが考案したリング形の窯。

●写真提供：野木町役場、野木町教育委員会

重文

茨城県稲敷市（千葉県香取市）

横《よこ》利《と》根《ね》閘《こう》門《もん》

わが国で最大級の規模を誇る現役の煉瓦造り閘門

手前が利根川、奥が横利根川。閘門を挟んだ一帯は、香取市と稲敷市が管理する横利根閘門ふれあい公園として整備され、平成18（2006）年には、「日本の歴史公園100選」に選定された。

閘門とは、水位差のある河川や運河、水路の間で船を上下させるための装置。世界で最も有名な閘門は、太平洋とカリブ海を結ぶパナマ運河で、全長80km、最大幅200mにおよぶ大規模な閘門式の運河である。

茨城県稲敷市と千葉県香取市の県境付近を流れる横利根川にある横利根閘門は、明治33（1900）年にはじまった利根川改修工事の一部として造られた。両端を内開きと外開きの二重の門扉とした複閘《ふくこう》式閘門である。7年の歳月をかけ大正10（1921）年に完成したが、煉瓦と石組みの閘門としては日本で最後に建造されたものでもある。

約280万個の煉瓦が使われた横利根閘門は、長さ90・9m、幅10・9m、深さ2・6m。当時の大型船を基準に設計された。大小8枚の鋼鉄製門扉の開閉と水位の調整で船を昇降させる仕組みである。

その後、陸上交通の発達にともない船による輸送は衰退、現在では漁船や釣り船、モーターボートなどが利用する程度である。

なお平成12（2000）年、煉瓦造閘門の一つの到達点を示す近代化遺産として国の重要文化財に指定された。

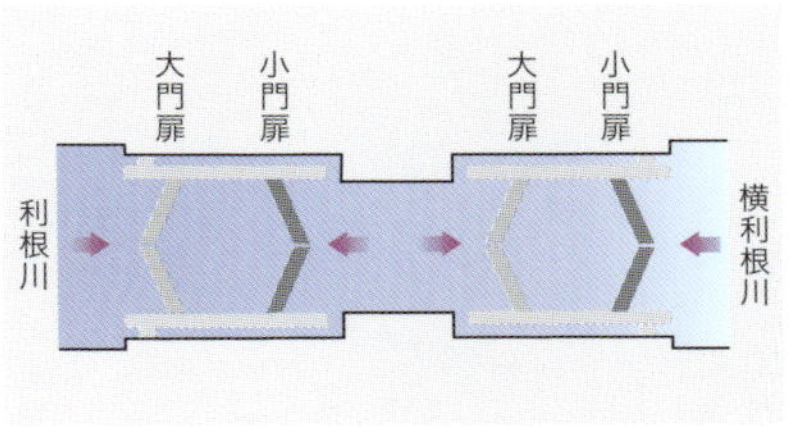

閘室部分の水位調整は閘室と利根川、横利根川につながっている給排水管のバルブ調整によって行われ、閘室内の水位はバルブが開いた側の水位と同じになる。

閘門の水路を挟むように西洋庭園や広場などが整備された横利根閘門ふれあい公園。ブラックバスやヘラブナ釣りの名所でもある横利根川の起点にあり釣りを楽しむ人も多い。

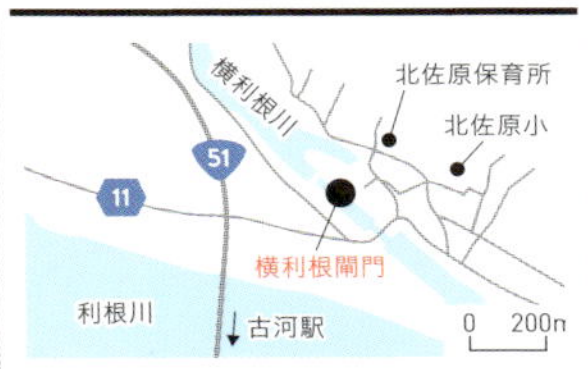

●所在地：稲敷市西代地先（横利根閘門ふれあい公園内）
●電話：029-892-2000（市観光協会）
●アクセス：JR「佐原駅」より徒歩約40分

●写真・資料提供：国土交通省関東地方整備局利根川下流河川事務所

日本初の本格的ワイン醸造場

現在、本館と呼ばれている旧事務室は南に面した明るい建物だ。ブドウ畑や竹林のあるシャトー園内の正門から入ると正面に見える。

重文

茨城県牛久市

牛久《うしく》シャトー旧醸造場施設《きゅうじょうぞうじょうしせつ》

外国人観光客で賑わう東京・浅草の一角に、老舗のバーがある。明治13（1880）年に開店した神谷《かみや》バーだ。このバーを始めた神《かみ》谷傳兵衛《やでんべえ》こそ、日本初の本格的なワインの醸造場、牛久醸造場（現・牛久シャトー、*1）の創始者である。

明治36（1903）年、牛久の地に完成した醸造場施設は、当時のフランスにあった醸造場をモデルに造られ、ボルドー地方の技術を用いてブドウの栽培からワインの醸造、瓶詰まで一貫して行っていた。

醸造場の施設は、長野県軽井沢の旧三笠ホテルを設計したことで知られる岡田時太郎率いる岡田工務所が設計を担当した。

3棟の重文煉瓦建築物

平成20（2008）年、現在の本館（旧事務室）、神谷傳兵衛記念館（旧醗酵室《はっこうしつ》）、レストランキャノン（旧貯蔵庫）の3棟が、明治中期の煉瓦建築物としての歴史的価値と当時のワイン醸造方法をうかがえる産業技術史上の重要性から国の重要文化財に指定された。

本館正面の半円アーチ。奥に見えるのが旧醗酵室。

本館

（旧事務室）

フレンチ・ルネサンス様式を基調とする、イギリス積みを採用した煉瓦造り2階建て（一部1階）。屋根は鉄板葺きで時計塔があり、1階中

*1:「シャトー」とは、ブドウ栽培から瓶詰作業までを一貫生産する醸造場だけに許される称号。

央には"CHATEAU D. KAMIYA"と刻印された半円アーチの開口部を設け、通路としている。かつては、ここをトロッコが走り裏側の旧醗酵室（醸造場）を結んでいたという。屋根には時計塔が載り、両端部はマンサード屋根（*2）になっている。
　1階は事務室と和室になっている。2階には大広間と貴賓室があり、当時の調度品や絵画などが残されている（本館内部非公開）。

旧醗酵室の南側外観。左手に見える建物は、牛久シャトーで醸造した「牛久葡萄酒」をはじめとする日本ワインや、世界中のワインを取り揃えている本格的なワインセラー。

神谷《かみや》傳兵衛《でんべえ》記念館《きねんかん》
（旧醗酵室）

　現在、神谷傳兵衛記念館となっている旧醗酵室（醸造場）は、旧事務室同様、イギリス積みを採用した煉瓦造りの建物。地上2階地下1階建てで、屋根は鉄板葺き。2階はブドウを搾《しぼ》りその果汁を1階に降ろす作業場として使用していた。1階には大樽が並べられ2階から直接注ぎ込まれた果汁を時間をかけ発酵させていた。また地下には、小さな樽が横置きに並べられている。このように各階の設備構成などから当時のワイン醸造の工程を知ることができる。
　なお2階の資料室では、神谷傳兵衛の足跡や日本のワイン製造の歴史を写真、パネル、各種の器具を用いて説明している。

旧醗酵室1階に並ぶ大樽。2階で搾ったブドウの果汁を注ぎ込み発酵させていた。

旧醗酵室地下1階に横置きに並べられた小樽。

レストラン キャノン
（旧貯蔵庫）

　昭和51（1976）年、レストランに改装された旧貯蔵庫は他の2棟同様、イギリス積みを採用した煉瓦建築物。平屋建て鉄板葺きで、2カ所で旧醗酵室に接続している。

　なお旧事務室、旧醗酵室、旧貯蔵庫の3棟は、平成23（2011）年の東日本大震災で煉瓦や漆喰などに亀裂が入ったが、なかでも旧事務室は甚大な被害を受けた。
　修復にあたっては、形も質も当時と同等にするため、愛知県の窯元に煉瓦を特注し、5年の歳月をかけて修復・復原。平成28（2016）年、営業が再開された。

本館アーチをくぐった先の左側にある旧貯蔵庫。現在はフレンチレストランとしてワインはもちろん、クラフトビールも楽しめる。

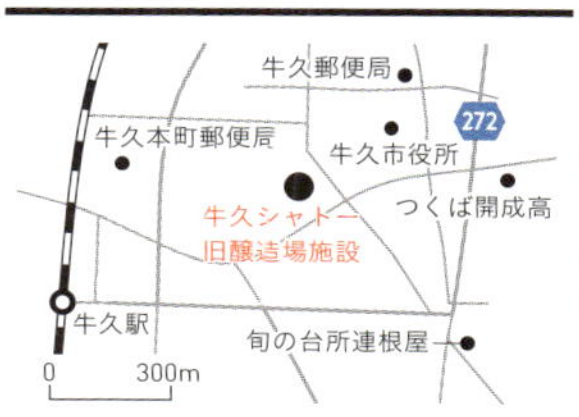

●所在地：牛久市中央3-20-1
●電話：029-873-3151
●アクセス：JR「牛久駅」より徒歩約8分

*2：棟際の勾配が緩く、軒側の勾配が急な形状で腰折れ屋根ともいう。

●写真提供：オエノンホールディングス株式会社

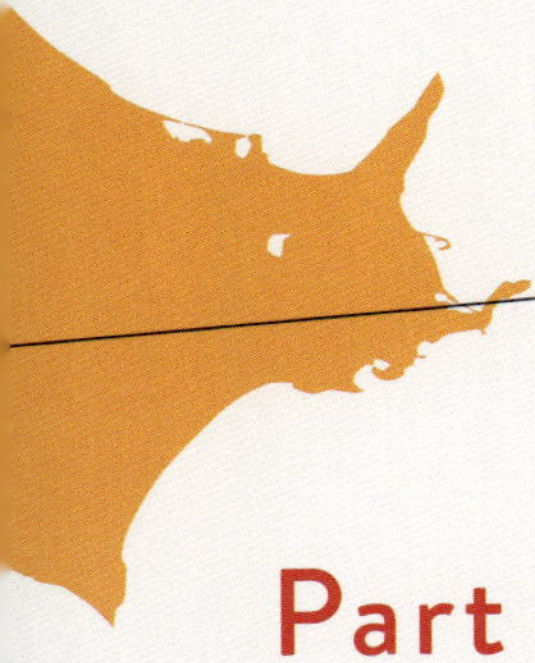

Part 2

北海道・東北

北海道

北海道庁旧本庁舎

北海道の開拓の象徴的建物。

小樽市総合博物館本館機関車庫

道内初の鉄道の起点旧手宮駅に残る、わが国最初の機関車庫。

北海道大学 出版会倉庫

北大キャンパスに残る、同校の前身、札幌農学校時代に建てられた図書館書庫。

金森赤レンガ倉庫

函館の発展の歴史を物語るベイエリアの倉庫群。

サッポロビール博物館・ビール園

開拓からはじまる日本のビール産業の歴史を知り、味わう施設。

函館の赤煉瓦建築物

函館市内に残る煉瓦造りの異国風建築の数々。

旧小樽倉庫事務所

北前船主らによって建てられた倉庫会社の事務所。

青森県

**日本聖公会
弘前昇天教会教会堂**

気品のある礼拝堂。光が厳かな一瞬を演出してくれる。

秋田県

**秋田市立赤れんが郷土館
赤れんが館**

磁器白タイルと赤煉瓦とのコントラストが美しい行舎建築。

北秋田市阿仁異人館

阿仁鉱山のために招聘した外国人鉱山技師のための宿舎跡。

岩手県

岩手銀行赤レンガ館

東北地方に残る唯一の辰野建築。

山形県

山形県郷土館文翔館

渡り廊下でつながる旧県会議事堂と旧県庁舎は、「贅を尽くした」という雰囲気。

福島県

喜多方の煉瓦建築群

「蔵の街」に残る煉瓦蔵の数々。

北海道のみならず
北方領土の歴史にも出会う

冬、雪景色の旧本庁舎。北海道らしい情景だ。前庭には1000種類ともいわれる樹木、花々が植えられており、春から秋にかけて色彩豊かな表情が訪れる人の目を楽しませてくれる。

重文

北海道
札幌市

北《ほっ》海《かい》道《どう》庁《ちょう》旧《きゅう》本《ほん》庁《ちょう》舎《しゃ》

北海道の開拓は、明治初期、開拓使（*1）によってはじまった。欧米の文化を積極的に取り入れた開拓使は、当然のことながら建築物の造りや意匠にも欧米風を採用した。現在、「赤れんが庁舎」として親しまれている北海道庁旧本庁舎も同様で、北海道開拓のシンボル的存在でもある。

建物と自然が一体となり絵画のような景観に

国の史跡にして重要文化財である北海道庁旧本庁舎が完成したのは明治21（1888）年のこと。設計は平井晴二朗を主任とした北海道庁の技師が担当、アメリカ風ネオ・バロック様式を採用した。フランス積みによる煉瓦造りの建物は、地上2階地下1階建て。中央部には八角塔屋を設け、間口61m、奥行36m、高さ33mという大きさで、鹿鳴館（*2）と並ぶ国内有数の大規模建築物であった。壁の厚さは重量を軽減するために地下が煉瓦3・5枚分、1階が2・5枚分、2階が1・5枚分と上層にいくほど薄くなっている。使用した煉瓦は白石村、豊平村（現在の札幌市白石区、豊平区）で製造されたもので、その数は約250万個といわれている。

屋根正面に見えるのは、開拓使を象徴する赤い星印「五稜星」。北極星をイメージしたものだ。八角塔に翻るのは道旗。

*1：明治の初期，北海道の開拓経営のためにおかれた行政機関のこと。
*2：明治16（1883）年旧薩摩藩上屋敷跡（現在の東京都千代田区内幸町1）に建てられた洋館で文明開化を象徴する建物。

記念室（旧北海道長官・知事室）。唐草模様の彫刻で飾られるなど他の部屋とは違う手のこんだ造りになっている。

1階階段室。アーチ中央の飾りや鉄柱上部の彫塑、階段側面に彫られた模様が美しい。

明治29（1896）年には安全性の見地から八角塔を除去。明治42（1909）年の火災で屋根と内部が焼失したが、煉瓦の外壁が無傷で残ったことが幸いし、八角塔を除き明治44（1911）年、再建された。

開道百年記念にあたる昭和43（1968）年には新庁舎が完成。北海道行政の拠点、中枢としての役割を終えた旧本庁舎は八角塔などが復原され、創建当時の姿を取り戻した。

内部は明治44（1911）年に再建された造りのまま。寒冷地ならではの二重窓なども見逃せない。1階正面玄関を入ると上部が三連アーチで飾られた階段室があり、左奥には北海道の歴史に関する文書類を保存、展示する北海道立文書館がある。2階は記念室（旧北海道長官・知事室）のほか、北方領土や南樺太などについて紹介する資料館・展示室になっている。

旧本庁舎は別名「後ろ姿美人」とも呼ばれる。訪問時には裏側にもまわって正面とは趣の異なる雰囲気を味わってほしい。

寒冷地ならではの二重窓。内窓は室内側に設けられた木製の化粧枠の中に三つに折りたたんで収められる。

後ろ姿美人の名にふさわしい背面。屋根は宮城県石巻産の雄勝石を加工したスレート葺き。また、建物下部には焼過煉瓦という色の違う煉瓦を使用した。

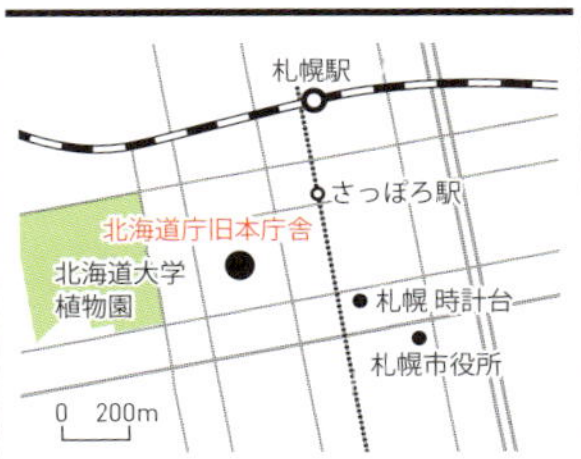

●所在地：札幌市中央区北３西６
●電話：011-204-5019
●アクセス：JR「札幌駅」より徒歩約４分

●写真提供：北海道庁

樹木越しに見える旧札幌農学校図書館書庫。農学校時代の面影を残す建物で、建設当初は瓦葺きだったが、現在は着色亜鉛鉄板葺きに変わっている。

北海道
札幌市

北海道大学出版会倉庫《ほっかいどうだいがくしゅっぱんかいそうこ》

（旧札幌農学校図書館書庫）

建学の精神が息づく
広大なキャンパスの奥に佇む

北海道大学の正門を西へ進んだ奥、農学部の手前に切妻《きりづま》造りの赤煉瓦建築物がひっそり佇んでいる。中條精一郎《ちゅうじょうせいいちろう》（＊）の設計によって、明治35（1902）年に建てられた旧札幌農学校図書館書庫である。

イギリス積みによる煉瓦造り2階建ての建物は、腰積みの部分だけ黒っぽく色が異なる。これは、吸水率が低いとされる焼過《やきすぎ》煉瓦を使用しているためだ。またコーナーの要所には石を配するなど細やかな造形的・構造的処理が見られる。規則的に並んでいる鉄格子窓の上下には白い札幌軟石が使われ、赤い煉瓦とのコントラストが美しい。

学生に愛された図書館

旧書庫と廊下でつながっている赤い屋根、白い壁の木造建物は、旧書庫と同様、明治35（1902）年に建てられた旧札幌農学校図書館読書室である。

これらの二つの建物は、昭和40（1965）年に現在の北海道大学付属図書館が完成するまでの約60年間、全学の中央図書館として使用されていた。現在は、北海道大学出版会が使用している。

なお、旧書庫と旧図書室はともに、平成12（2000）年に登録有形文化財に登録されている。

木立の奥、白い壁の木造建築物が旧図書館読書室。右側の赤煉瓦建築物が旧図書館書庫。

●所在地：札幌市北区北9西8（北海道大学構内）
●電話：011-716-2111（北海道大学）
●アクセス：JR「札幌駅」より徒歩約12分

＊：曾禰達蔵とともに曾禰中條建築事務所を主宰した建築家。

●写真提供：金木一史

建物は3階建てに見えるが、実は5階建て。建物の左手前部分が博物館、右奥部分がビール園になっている。出入口はそれぞれ別に設けられているが、内部でも行き来ができる。

北海道札幌市

サッポロビール博物館《はくぶつかん》・ビール園《えん》（旧札幌製糖工場）

札幌を代表する観光施設の一つ、サッポロビール博物館・ビール園が入る赤煉瓦の建物は、元々、明治23（1890）年に建設された札幌製糖の工場であった（*1）。

巨大な赤煉瓦建築

建物は、イギリス積みを採用した煉瓦造り5階建てで、延べ床面積3264㎡の大規模なもの。一説によればイギリス製の煉瓦を使用したといわれているが、実際には北海道南部の渡島《おしま》半島あたりで生産した煉瓦のようである。

外観は半円アーチ形の上げ下げ窓がリズミカルに並び、屋根にはドーマー窓がバランスよく配置され、独特の景観を作っている。棟飾りなどあちこちに北海道開拓のシンボルでもある五稜星が見られる（*2）。また、正面右側のビール園背後にある煉瓦の煙突は高さ48・5mで、道内屈指の高さを誇っている。

博物館内部には、実際に使用していたビール製造では重要な役割を担った煮沸窯《しゃふつがま》などが展示され、明治9（1876）年の開拓時代からはじまる日本のビール産業の歴史を紹介している。

煉瓦造りの煙突は、ビール製造の機械を動かすボイラーから出る煙を逃がしていたものだ。

五稜星は、正面の丸窓だけではなく屋根上にも設置されている。

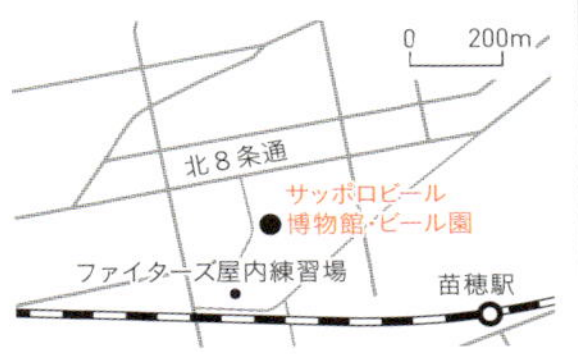

- 所在地：札幌市東区北7条東9丁目1-1／2-10
- 電話：011-748-1876（博物館）／0120-150-550（ビール園）
- アクセス：JR函館本線「苗穂駅」より徒歩約18分

*1：明治38（1905）年からは札幌麦酒（前身は開拓使麦酒醸造所。現サッポロビール）の工場として、昭和38（1963）年まで使われた。

*2：道標であった北極星をイメージしたもので、明治になり、希望を胸に北海道を目指した人々の思いに重ね、北海道開拓のシンボルとなった。北海道では明治期の建物で目にすることが多い。

赤煉瓦と鯱が印象的な旧小樽倉庫事務所。両隣の建物は旧倉庫で、現在、向かって右側は小樽市総合博物館運河館、左側は観光案内所などとして利用されている。

小樽の盛衰を見続けてきた倉庫事務所

北海道 小樽市

旧《きゅう》小樽《おたる》倉庫《そうこ》事務所《じむしょ》

年間、約800万人の観光客が訪れる小樽市。江戸時代は鰊漁《にしんりょう》を営む人々によって集落が形成されていたが、明治2（1869）年、札幌に開拓使が設置されたことに呼応し北海道開拓の重要な港湾として位置づけられた。その後も明治22（1889）年には特別輸出港に、明治32（1899）年には国際貿易港に指定され急速に発展した。その結果、小樽には数多くの歴史的建造物が残るが、その一つが旧小樽倉庫事務所である。

北海道初の法人倉庫会社

明治23（1890）年から明治27（1894）年にかけて、加賀の北前船主、西出孫左衛門らは、木骨《もっこつ》石造りの倉庫2棟と煉瓦造りの事務所を建て、倉庫会社（小樽倉庫）を設立した。

事務所は、寄棟《よせむね》の瓦屋根（建設当時は、若狭瓦）に鯱《しゃちほこ》を載せた和洋折衷かつシンプルなデザイン。外壁の出隅部分には色違いの煉瓦が組み合わされ、建物外観上のアクセントになっている。

現在、1階は喫茶店として利用されているが、入口や階段など、往時の雰囲気が感じられる。

色の違う煉瓦を組み合わせデザインとした出隅部分。

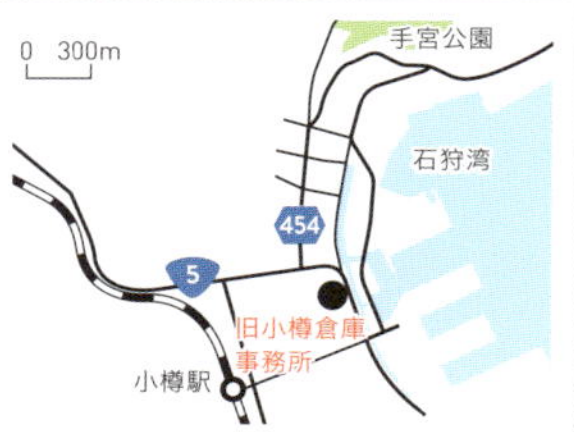

●所在地：小樽市色内2-1-20
●電話：0134-33-2510（観光協会）
●アクセス：JR「小樽駅」より徒歩約10分

●写真提供：落合亮（小樽商科大学写真部）

重文

北海道 小樽市

小樽《おたる》市総合《そうごう》博物館《はくぶつかん》本館《ほんかん》 機関車庫《きかんしゃこ》

（旧手宮鉄道施設 煉化石造機関車室）

北海道開拓の先兵となった鉄道施設

２棟の煉瓦造りの機関車庫が、転車台を挟んで向かい合う。右が機関車庫３号、左が機関車庫１号。

小樽市総合博物館本館の敷地とその周りには、旧手宮鉄道施設（*1）が残る。ここは、石炭輸送のために敷かれた道内初の鉄道の起点だったのだ。

蒸気機関車時代の遺構

機関車庫3号は明治18（1885）年に建てられたもので、現存するわが国最古の機関車庫である。平井晴二朗（*2）の設計によるもので、フランス積みを採用した煉瓦造りである。内部は3両分の部屋に区分けされており、西側の1室は壁を厚くし、小屋組みも補強されている。

一方、機関車庫1号は、イギリス積みを採用した煉瓦造りで、明治41（1908）年に建てられたもの。建設当時は5両分の部屋に分かれ間口も五つあったが、昭和初期には2間《ま》に削減されたが、その後、平成8（1996）年に建設当時の5間に復元、現在に至っている。

機関車庫１号。堅牢な鉄格子がはめ込まれ規則正しく並んでいる矩形の窓には白い札幌軟石を使用。赤い煉瓦と美しいコントラストをなす。

機関車庫３号。向かって右、西側の１室は機関車を吊り上げて修理や点検などの作業が行えるようになっている。

●所在地：小樽市手宮1-3-6
●電話：0134-33-2523
●アクセス：JR「小樽駅」より徒歩約13分

*1：手宮駅は、かつてあった旧国鉄の貨物駅。元は、明治15（1882）年に開通した幌内鉄道（小樽手宮〜幌内）の起点駅だった。その構内と周辺に、煉瓦造りの機関車庫や転車台、貯水槽など当時の鉄道施設が残っている。
*2：当時の農商務省北海道事業管理局炭礦鉄道事務所鉄道科長。

●写真提供：小梅太郎

北海道
函館市

金森赤《かねもりあか》レンガ倉庫《そうこ》

世界三大夜景に数えられる函館山からの眺望を旅の一つの目当てに年間約560万人の観光客が訪れる函館市は、札幌市、旭川市に次いで北海道第三の都市である。

函館の本格的な開拓がはじまるのは明治になってから。とはいえ函館は松前、江差《えさし》とともに江戸時代から天然の良港として知られ、海産物交易の集積地として栄えていた。江戸後期になるとロシアの南下に対して蝦夷地《えぞち》（*1）は幕府の直轄領《ちょっかつりょう》（*2）となり、享和3（1803）年には奉行所が置かれることに（*3）。その後の安政元（1854）年、幕府は日米和親条約にもとづき函館と下田（静岡）を開港。安政6（1859）年には、長崎、横浜とともに日本初の貿易港となり、函館はいっそう栄えることになった。

発展を担った倉庫群は観光スポットに

函館には明治期以降、街の発展を

江戸の版元・明細堂から慶応4（1868）年に刊行された函館港を描いた古地図。港に停泊している船、岸壁に建ち並ぶ家並みなど当時に賑わいが感じられる。「◯」あたりが、金森赤レンガ倉庫。

*1：蝦夷《えみし》が居住した地域のこと。大和朝廷以後、現在の中部地方以北を指していたが、室町時代以降は北海道、南千島、樺太の総称となった。
*2：幕府が外交上の問題に直接、関われる体制をつくる必要性から、寛政11（1799）年に松前藩が統治していた東蝦夷地を直轄地にした。

函館湾に面して並ぶ、金森赤レンガ倉庫。左から、蔦に覆われたBAYはこだて。２棟並んでいるのが金森洋品館（1・２号）。真ん中に小さめの倉庫を挟んだ３棟が函館ヒストリープラザ（4・5号）。右奥が金森ホール（3号）。背後の山は函館山で、どちらも函館観光の人気スポットだ。

函館の歴史と発展を物語る赤煉瓦倉庫群

支えた倉庫群や異国情緒溢れる建築物などが残っている。なかでもベイエリアに建ち並ぶ赤煉瓦倉庫群（金森赤レンガ倉庫）は、函館の歴史を物語る建築物でもある。

金森赤レンガ倉庫とは、明治期に建てられた7棟の赤煉瓦倉庫のこと。いわゆる金森倉庫（1〜5号）だけでなく、ＢＡＹはこだてと呼ばれる旧日本郵船の倉庫も含まれる。

金森倉庫1〜5号

倉庫が建つ一帯は明治初期、船場町（*4）と称されていたが、幕末には造船所や外国人居留地が建ち並ぶ埋立地であった。ここに、長崎から渡ってきた渡邉熊四郎が、明治2（1869）年、金森屋洋物店を開業したのが、現在の金森赤レンガ倉庫の起源である。

ちなみに倉庫の妻面に描かれ、建物のアクセントにもなっている「曲《かね》尺《じゃく》（*5）に森」は、開業時の商標である。

渡邉が倉庫業をはじめたのは明治20（1887）年頃で、当時の函館

（右）明治40（1907）年の大火後に再建された金森倉庫１〜５号。右上に霞んで見えるのは標高334mの函館山と山頂の展望台。
（左）開業時から現在に伝わるトレードマーク。金森倉庫の入口上にしるされている。

*3：享和2（1802）年に蝦夷奉行が設置され同年、箱館奉行に改名。翌年、奉行所が開設。
*4：船場町は、明治5（1872）年、開拓使官吏の福士成豊が日本初の気象観測を行った場所。
*5：大工職人などが使う物差しで、直角に曲がりＬ字の形をしている。

金森倉庫の重量のある屋根を支える梁と柱。幾層にもなった屋根の重さを受け止めている。

にあっては最初の倉庫業であった。その後、成長を重ね拡大。明治40（１９０７）年に、市街の60％以上を焼失した函館大火によって倉庫も被害を受けたが、再建に着手。明治42（１９０９）年から翌年にかけて完成したのが、現在の金森倉庫1〜5号である。

　赤煉瓦倉庫はいずれもイギリス積みによる煉瓦造り平屋建てで、堅固な造りとなっている。また埋立地で弱い地盤であることから、基礎は杭を地中深く打ち込んで補強した。屋根は和瓦と煉瓦を重層に葺くなど、いたるところに明治40（１９０７）年の大火による反省が生かされている（*6）。重い屋根を支えるために柱には丈夫な檜《ひのき》が採用されている。

　5棟の倉庫は、昭和63（１９８８）年より再活用が進み、1号と2号は金森ホール（一部、営業倉庫）、3号は金森洋物館、4号と5号は函館ヒストリープラザと命名され、函館を代表する観光スポットとして活用されている。

BAYはこだて

　海側から見て左、金森倉庫とはまったく趣の異なる風情の赤煉瓦倉庫が2棟、運河風の掘割を挟んで建っている。昭和63（１９８８）年にリノベーションされ、倉庫からレストラン、ショッピングモールに変身したBAYはこだてである。

　元々は、明治15（１８８２）年に三菱商会函館支社が自社の荷物を保管するために建築した倉庫。その後、三菱商会と共同運輸が合併し日本郵船が誕生、その函館支店の倉庫となった。

　2棟とも煉瓦造り平屋建てで、明治40（１９０７）年の大火後に焼け残っていた部分を元に建て直し、明治42（１９０９）年頃に竣工したもの。建て直し前後で煉瓦の積み方が異なり、フランス積みとイギリス積みが混ざっているのが特徴だ。

　平成14（２００２）年、日本郵船の函館撤退にともない金森赤レンガ倉庫の施設となった。

（上）BAYはこだての建物正面。「BAY」の文字を覆う蔦に、歴史や年輪が感じられる。
（下）BAYはこだての壁面に見られる創建時のフランス積み。相当、年季が入っている。

●所在地：函館市末広町14（金森倉庫）／豊川町11-5（BAYはこだて）
●電話：0138-27-5530（代表）
●アクセス：市電「十字街」停留所より徒歩約５分

*6：昭和50年代頃まではレンガ、瓦、土、野地板を敷いた完全防火屋根。現在は、トタン、防火材を葺いている。

北海道
函館市

函館《はこだて》の赤《あか》煉《れん》瓦《が》建《けん》築《ちく》物《ぶつ》

函館で出会う異文化香る煉瓦建築

赤煉瓦建築を散歩しながら見てまわるには、JR函館駅から市電に乗り換えると便利。

函館市街を歩くと、西欧文化の影響を受けたと思われる異国情緒溢れる建物に遭遇する。それは、安政6（1859）年の開港当初、居留地を計画し外国人を住まわせようとしたが、多くは市街地に雑居した名残である。また明治になり開拓使函館支庁が置かれ、周辺に外国公館などが建ち並んだ結果でもある。

横浜や神戸など幕末から明治初期に開港した都市に共通する、どこかエキゾチックな雰囲気が函館の街にも漂っている。こうした街に残る、当時の赤煉瓦建築物を見てみよう。

函館中華会館

電車マニアなら知らぬ者はいないという函館市電に乗り大町停留場で下車。徒歩約5分の場所にある赤煉

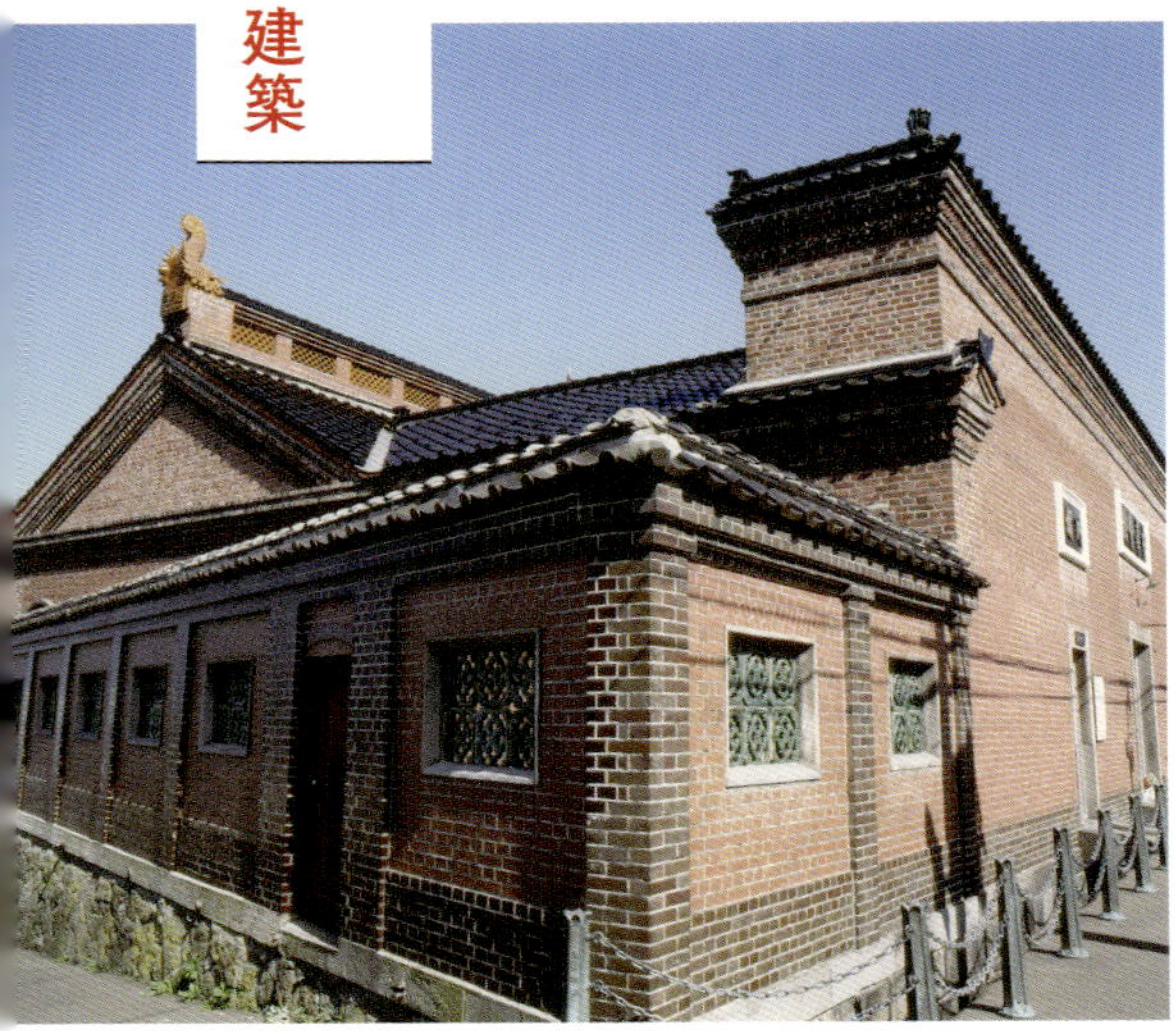

函館中華会館。海峡から風が吹きつける南面には高い煉瓦塀が設置されている。竣工当時は、中庭があったが、寒冷地という土地柄もあり、後に中庭部分にも屋根が架けられた。煉瓦積みの施工は日本人棟梁が担当した。

- ●所在地：函館市大町1-12
- ●内部非公開（外観のみ見学可）
- ●アクセス：市電「大町」停留場より徒歩約５分

瓦建築物が、日本国内で唯一現存する清朝建築様式の函館中華会館である。明治39(1906)年に建てられたのだが、当初は西洋風の建物であった。しかし翌年、函館市内の約60%以上を焼き尽くしたといわれる大火によって焼失。明治43(1910)年に現在の建物に建て替えられた。

建物は、『三国志』の英雄、関羽《かんう》を祀《まつ》る関帝廟《かんていびょう》形式を採用。函館在住の華僑たちが中心となり、中国本土から設計者や大工・彫刻師・漆工などの技術者を招き、祭壇・什器なども取り寄せて造った。フランス積みによる外壁の煉瓦も中国本土のものである。特筆すべきは、釘が一本も使われていないことで清朝時代の伝統的な工法によるものだ。

現在は内部が老朽化したこともあり外観しか見られない。国の登録有形文化財に登録されている。

旧ロシア領事館

標高334mの函館山。その山頂へ向かう坂道の一つ「幸坂《さいわいざか》」の途中、右手にひっそりと佇む赤煉瓦建物が旧ロシア領事館である。

日本がロシアと和親条約を締結したのは安政元(1854)年。その後の安政5(1858)年、初代ロシア領事としてヨシフ・アントノヴィチ・ゴシケーヴィチが着任、函館・実行寺《じつぎょうじ》のなかに仮領事館を開設した。万延元(1860)年に正式な領事館を開設したのだが火災で焼失、明治39(1906)年に現在の場所に創建された。が、ここでも大火に見舞われ、明治41(1908)年に再建されたのが現在の建物である。

煉瓦造り2階建ての建物は、ドイツ人の建築家、R・ゼールの設計によるもの。2階部分の縁取りや窓枠、玄関部に施された白い漆喰と赤煉瓦のコントラストが印象的な外観である。また玄関には、寺院風の唐破風やビザンチン様式風の柱頭飾りなど和洋折衷の意匠を採り入れ、独特の雰囲気を醸し出している。

旧ロシア領事館。北東側からは函館湾が見えたようで、床から天井まで白い木枠の窓が整然と並ぶサンルームがある。

●所在地:函館市船見町17-4
●内部非公開(外観のみ見学可)
●アクセス:市電「大町」停留場より徒歩約10分

昭和19(1944)年までは領事館として、昭和40(1965)年から函館市立道南青年の家として使用されたが、平成8(1996)年に閉鎖。現在は外観のみ見学が可能である。

歴史を積み重ねてきた和洋折衷の建物は、異国情緒漂う函館の街並みに欠かすことができない存在となっている。

旧開拓使函館支庁書籍庫

函館港を見下ろす高台にある元町公園は、かつて函館の行政の中心地であった。園内には洋風木造の旧北海道函館支庁庁舎のほかに、明治13(1880)年に建てられた赤煉瓦の旧開拓使函館支庁書籍庫が残る(*1)。

函館に残る歴史的建造物を語るとき、必ず話題になるのが、明治40(1907)年の大火災。金森赤レンガ倉庫(P66)にしても函館中華会館や旧ロシア領事館にしても、当初の建物はこの大火で焼失している。

一方、旧開拓使函館支庁書籍庫は類

*1:元町公園の周りにも明治の洋館が残る。旧函館区公会堂(重要文化財)は必見。明治43(1910)年築のコロニアル風の建物だ。

焼を免れた珍しい建物である。

　この建物は煉瓦造りでフランス積みを採用（一部、増築部分はイギリス積み）、外壁の煉瓦は一つひとつ色が微妙に異なっている。一部には「明治七年函館製造」の刻印があり、開拓使が明治5（1872）年に創設した茂辺地《もへじ》煉瓦石製造所の煉瓦を使用していることがわかる。屋根は桟瓦葺きで、小屋組みには杵束《きねづか》式木造トラス。外部の四隅に隅石を組んで補強し、耐火のために窓には鉄扉、鉄柵を設けているのが特徴的だ。

旧開拓使函館支庁書籍庫。正面出入口は木製扉だが、内側に鉄扉もあり二重構造になっている。また2階壁面の所どころにL字形の金具が埋め込まれている。ここに板を載せたり菰《こも》を下げたりして防水・防寒対策としたという。

●所在地：函館市元町12（元町公園内）
●内部非公開（外観のみ見学可）
●アクセス：市電「末広町」停留場より徒歩約7分

はこだて明治館
（旧函館郵便局）


赤煉瓦と緑の蔦とのコントラストが鮮やかなのは、はこだて明治館。函館の観光コースに欠かせないこの建物は、明治40（1907）年の大火でそれまでの郵便局が焼失したために、新たな局舎として明治44（1911）年に建てられたものだ。

　この地は海辺の軟弱な地盤。建設にあたって地下の固い部分まで掘り下げ、そこに1200本の杭を打ち込み、さらに古い煉瓦やコンクリートを埋めて基礎を固めたという。また建物外壁には日本煉瓦製造（P46）の煉瓦を、内部は地元函館で焼かれた煉瓦を使用した。

　外観は、今も現役で活躍する逓信建築、下関南部町郵便局（山口、*2）と中京郵便局（京都、*3）の局舎に近いルネサンス様式。左右対称の2階建てで、中央部分は2層の吹き抜けの空間になっている。またロマネスク風のアーチ窓も特徴的であり、内部に入ると吹き抜け上部の木骨トラスから差し込む光が広々とした空間を満たしている。

　昭和37（1962）年まで郵便局として使用されていたが、新局舎への移転にともない払い下げられ、商社の事務所・倉庫となる。昭和58（1983）年に現在のようなショッピングモールに生まれ変わった。

はこだて明治館。赤煉瓦を覆う蔦は、季節とともに緑から赤へと色を変え、雪の前に葉を落とす。建物はその時々で異なる表情を見せてくれる。

●所在地：函館市豊川町11-17
●電話：0138-27-7070
●アクセス：市電「十字街」停留場より徒歩約5分

*2：明治33（1900）年築。
*3：明治35（1902）年築。

左右非対称のファサード。正面右寄りに高い鐘塔が配置されている。正面の扉を開くと和風の待合室があり襖を開けると奥に礼拝室がある。

青森県
弘前市

日本《に》聖《ほんせ》公《いこう》会《かい》　弘前《ひろさき》昇天《しょうてん》教会《きょうかい》教会堂《きょうかいどう》

日曜日、ひと際高い鐘塔から礼拝を告げる鐘が鳴り響く青森県西部に位置する弘前市は津軽地方の中心地。日本聖公会が、ここ弘前で布教活動を開始したのは、明治29（1896）年のこと。明治33（1900）年には、リムック師によって現在の弘前昇天教会のある場所に、キリスト教の講義所が造られた。現在の煉瓦造りの教会堂は、大正10（1921）年、当時の神父シャーリ・H・ニコルス司祭の尽力により建てられたもの。設計は、アメリカ人建築家ジェームズ・M・ガーデナーが担当した。

西洋風の外観だが襖の奥に礼拝室

建物は煉瓦造り平屋建て亜鉛鉄板葺きで、イギリス積みを採用した赤煉瓦の外壁が特徴だ。ゴシック風を基調とし、窓の開口部には石材を用いている。ファサードは左右非対称で右寄りに背の高い鐘塔、正面に入口がある。

また正面上部の丸窓には十字架を模した四つ葉の意匠が施されていたり、鐘塔には薄い壁を立ち上げ開口部分に鐘を収めていたりと珍しいデザインが見られる。

日本家屋を思わせる待合室の襖《ふすま》を開くと礼拝室。チューダーアーチで構成される会衆席から祭壇のある内陣部分に向かって空間は広く、気品が感じられる。なお1階に置かれたリードオルガンは、120年ほど前に女性宣教師と一緒にアメリカからやって来たもので、現在でも使用されている。

煉瓦造りの教会堂は光の入り方が大きな魅力である。西日が傾き祭壇の窓に差し込み溢れるほどの光は、「無音という音」が聞こえるような厳かな一瞬を演出してくれる。

なお見学は外観のみだが、牧師が在中の場合のみ内部も見られる。

正面の内陣にも手前の会衆席部分にも窓が多い。堂内全体に差し込む光が美しさと静謐さを醸し出している。

祭壇奥の窓から差し込む光は近寄りがたい、厳かな一瞬を創出している。

正面右寄り、薄い壁を立ち上げて三つ葉形の開口部に鐘を収めた鐘塔。5㎞先まで音が聞こえたともいわれる鐘は、以前は朝夕の礼拝を告げて鳴っていたが、現在は日曜日の礼拝時のみ鳴る。

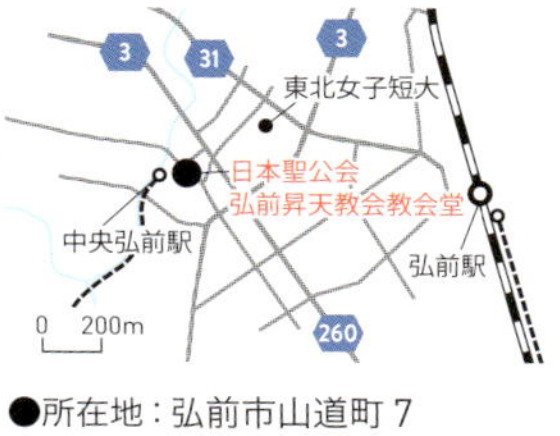

●所在地：弘前市山道町7
●電話：0172-34-6247
●アクセス：JR「弘前駅」より循環バスにて「中土手町」下車、徒歩約5分

●写真提供：後藤尚彦

市街地の中心部に建つ辰野作品

盛岡城跡公園の近く、奥州街道（陸羽街道）に面した角地に建つ。盛岡市の代表的な景観とも評される赤と白の対比が美しい建物は、重厚感に溢れている。

重文

岩手県盛岡市

岩手《いわ》手《て》銀《ぎん》行《こう》赤《あか》レンガ館《かん》

（旧盛岡銀行本店本館）

角地に建つドームがひと際目立つ岩手銀行赤レンガ館は、明治44（1911）年、盛岡銀行本店として建てられたものである。後に岩手殖産銀行（現・岩手銀行）の本店となり、昭和58（1983）年から中ノ橋支店として利用された。

建物は辰野・葛西建築設計事務所の設計による煉瓦造り2階建て。辰野金吾が手掛けた建築物としては東北地方に残る唯一のものである。

地元・岩手県産の素材を生かす

南東の敷地角部にドームをもつ八角塔を配して出入口にし、建物両翼に小塔や切妻屋根が張り出すなど、敷地を生かした凹凸に富んだ構成になっている。

外観は煉瓦の壁面に花崗岩の帯を巡らせた辰野式。2階のアーチ窓など要所にも花崗岩を用いている。煉瓦は岩手県で製造されたものを使用。その数は約91万個にのぼる。銅板葺き（一部スレート葺き）の屋根にはドーマー窓が配されている。

1階は営業室とロビー（現・多目的ホール）が2層吹き抜けの大空間で、2階部分に回廊が設けられている。内装は必見で、白い漆喰の壁・天井に、木部は青森ヒバを使用。カウンターに用いた蛇紋石《じゃもんせき》（*）は、県内の早池峰山《はやちねさん》から切り出したもの

敷地角の八角塔部分には出入口があり、岩手銀行の銘板が掲げられている。

旧営業室上部の天井は石膏のモチーフで飾られている。明治期の建築物に見られる特徴の一つである。

建物上部を南側から見る。右手にはドーム屋根をいただく八角塔、左手には小塔がある。銅板屋根のドーマー窓もアクセントになっている。

明るい日が差し込む階段室。艶のある木製階段や手摺が時代を感じさせる。

旧支配人室。重厚な造りの扉は旧金庫室への入口。重々しさが伝わってくる。

吹き抜けになっている旧営業室とロビー。手前には蛇紋石製のカウンター、2階には回廊が巡っている。

という。そのほか、艶のある階段など、どこを見ても明治期ならではの豪華な装飾が美しい。

平成6（1994）年に重要文化財に指定された以後も銀行の本店として使われたが、平成24（2012）年に、その幕を閉じた。

その後、保存修理工事を経て平成28（2016）年、リニューアルオープン。創建当時の内装が復元された応接室などが公開され、イベントスペースも整備された。

ちなみに、岩手殖産銀行の時代、昭和11（1936）年から昭和33（1958）年にかけての一時期、外壁が「赤」ではなく「白」の時代があり、「白い明治館」と呼ばれていたという。

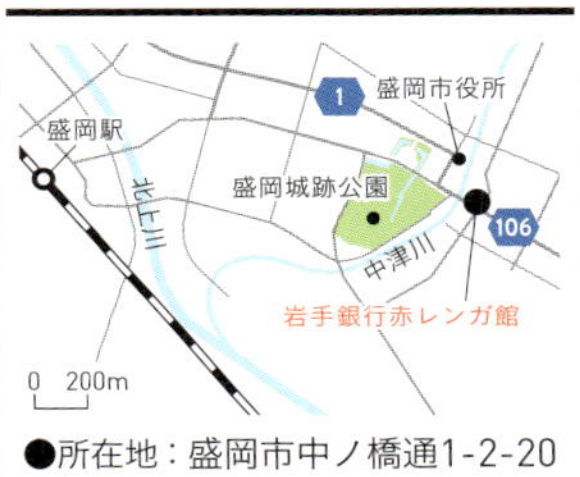

●所在地：盛岡市中ノ橋通1-2-20
●電話：019-622-1236
●アクセス：JR「盛岡駅」よりバスで「盛岡バスセンターななっく前」下車、徒歩約１分

*：蛇の皮の模様に似たつやつやした緑，緑青色を呈することにちなんで命名された。

●写真提供：岩手銀行、高橋映次

重文

秋田県
秋田市

秋田市立赤れんが郷土館《あきたしりつあかれんがきょうどかん》 赤れんが館《あかれんがかん》

（旧秋田銀行本店本館）

秋田県に残る明治末期の貴重な煉瓦洋風建築物

道路側から建物正面を見る。色鮮やかなルネサンス風の外観が目を引く。

秋田市立赤れんが郷土館は市立の郷土資料館・美術館である。そのうち赤れんが館は、秋田銀行の本店として明治45（1912）年に建設された煉瓦造り2階建ての建物を利用。旧営業室など、当時のままの意匠を見ることができる。

外観はルネサンス様式を基調とし、基壇には男鹿石《おがいし》（*）を用いている。1階は磁器白タイル貼り、2階は小口積みした赤煉瓦と上下で紅白のコントラストをなす。煉瓦は化粧積み部分に大阪で製造されたもの、裏積み部分に地元・秋田製のものを使用。屋根はスレート葺きでドーマー窓を備える。正面両角はドームをいただいた円筒状の塔で、意匠的なアクセントになっている。

内部は一転してバロック調。各所に施された装飾やシャンデリアなど、息をのむほど美しく、明治の職人の技が感じられる。1階旧営業室は2層吹き抜けで、天井・壁は白い漆喰。腰壁は緑色の蛇紋石、床は色タイル。そのほか総欅《けやき》造りの旧貴賓室や寄木細工を用いた旧応接室、白大理石の階段など豪華で荘厳な仕上げに目を奪われる。

現在は旧営業室のほかにも旧頭取室、旧書庫、旧貴賓室なども見学できる。また、旧会議室は、鍛金家で人間国宝の関谷四郎の業績を紹介する記念室として公開されている。

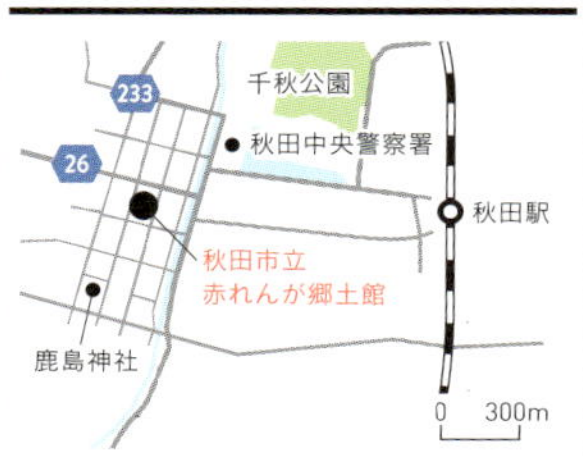

●所在地：秋田市大町3-3-21
●電話：018-864-6851
●アクセス：JR「秋田駅」より徒歩約15分

ガラス入りの木製枠で囲まれた旧営業室。腰材には蛇紋石を使用。天井のシャンデリアも必見。

旧貴賓室。現在は煉瓦で塞がれているがかつては暖炉があった。上部は煙突になっている。

*：秋田県男鹿市の寒風山の麓で採掘されている輝石安山岩のことで、別名「寒風石《かんぷうせき》」とも呼ぶ。

●写真提供：秋田市立赤れんが郷土館

重文

秋田県 北秋田市

北秋田市阿仁異人館《きたあきたしあにいじんかん》

（旧阿仁鉱山外国人官舎）

江戸時代から続く鉱山町に現れた西欧文化の象徴

木立のなかに佇む異人館。外国人に初めて接したことはもちろん、半円形の窓やベランダなど日本家屋では見られない建物の造りに、当時の住民たちは大きなカルチャーショックを受けたという。

阿仁鉱山は中世に金山として開発され、後に日本を代表する銅山の一つとなった（*）。明治8（1875）年には政府工部省の直営に。鉱山の近代化を目指していた明治政府は明治15（1882）年、ドイツ人のメッケルとライトヘルの二人の鉱山技師を雇い入れ現地指導にあたらせた。その技師らの宿舎および事務所として建てられたのが、現在、北秋田市阿仁異人館と呼ばれる赤煉瓦の建物である。

建物はイギリス積みの煉瓦造り平屋建て。煉瓦はほど近い下浜（阿仁河川公園付近）で焼かれたものだ。切妻《きりづま》屋根は杉の柾板《まさいた》葺き（現在は銅板葺き）。上げ下げ式の半円窓には鎧戸《よろいど》を入れ、周囲をベランダで囲んだコロニアル様式である。

内部は玄関ポーチを取り囲む4室と、東南部に突き出した1室の合計5室。屋根裏は物置となっている。

宿舎として建てられた建物は2棟あったが、昭和28（1953）年、1棟が焼失。残った1棟が阿仁異人館で、平成2（1990）年には国の重要文化財に指定された。

建物の四周は、広々としたベランダで囲まれている。

TOPICS

阿仁鉱山の歴史に触れる

異人館の南側には鉱山で繁栄した阿仁の歴史を伝える北秋田市阿仁郷土文化保存伝承館が建つ。

館内には阿仁鉱山から採取された鉱物の標本や鉱山で使用されていた道具類、江戸時代の阿仁鉱山作業絵図などが展示されている。

なお、異人館へ続く地下通路が設けられており、どちらからでも行き来ができるようになっている。

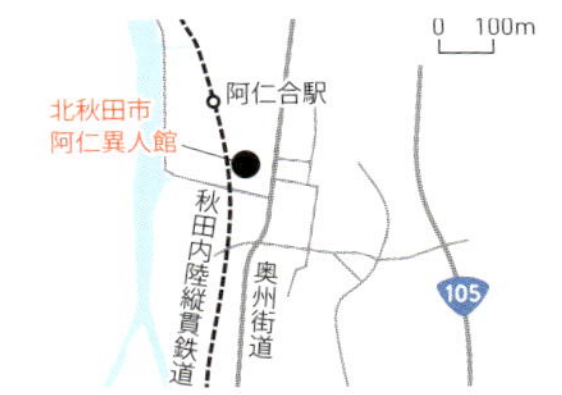

●所在地：北秋田市阿仁銀山字下新町41-22
●電話：0186-82-3658
●アクセス：秋田内陸縦貫鉄道「阿仁合駅」より徒歩約5分

*：阿仁鉱山は、延慶2（1309）年、阿仁合《あにあい》の湯口内沢で炭焼きが偶然に発見したと伝えられている。享保元（1716）年には産銅日本一となった。以後、約670年間、採掘が進んだが昭和45（1970）年に全面休止、昭和53（1978）年に閉山した。いまでも選鉱場跡などを見ることができる。

●写真提供：北秋田市阿仁郷土文化保存伝承館

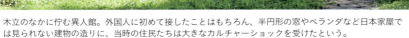

重文

山形県
山形市

山《やま》形《がた》県《けん》郷《きょう》土《ど》館《かん》文《ぶん》翔《しょう》館《かん》

（山形県旧県会議事堂および旧県庁舎）

明治維新後、廃藩置県を経て現在の山形県が成立したのは明治9（1876）年のこと。翌年には山形県庁舎が、7年後の明治16（1883）年に県会議事堂が建設された。しかし、明治44（1911）年の山形市大火により両棟とも焼失。直ちに同じ場所での復興が計画され、大正5（1916）年に完成したのが、いまに残る煉瓦造りの旧県会議事堂と旧県庁舎である。

渡り廊下で結ばれている二つの建物は、田原新之助（*）の設計によるものだ。

旧県会議事堂も旧県庁舎も昭和50（1975）年までは使われていたが、新庁舎の完成を機に役割を終えた。その後の昭和59（1984）年に重要文化財に指定。昭和60（1985）年から修復工事がはじまり平成7（1995）年に復原。現在は、郷土館として公開されている。

旧県会議事堂

旧県会議事堂は、英国ルネサンススタイルを採用したデザインの煉瓦造り2階建てで、赤煉瓦を主体とした仕上げになっている。内部を見ると、1階の議場ホールはかまぼこ形のヴォールト天井。大空間でガラス張りの窓から入る光がとても明るい。2階には県議会の歩みを展示している旧議員控室や旧正副議長控室、落ち着いた雰囲気の旧来賓室がある。

山形県郷土館文翔館は、石貼りの旧県庁舎（右）と左に見える赤煉瓦の旧県会議事堂からなる。

*：イギリス人建築家、ジョサイア・コンドルの弟子となり、曽禰中條建築事務所に入所。後に独立。

旧県会議事堂側面。右手に見えるのは、旧県庁舎につながる渡り廊下。

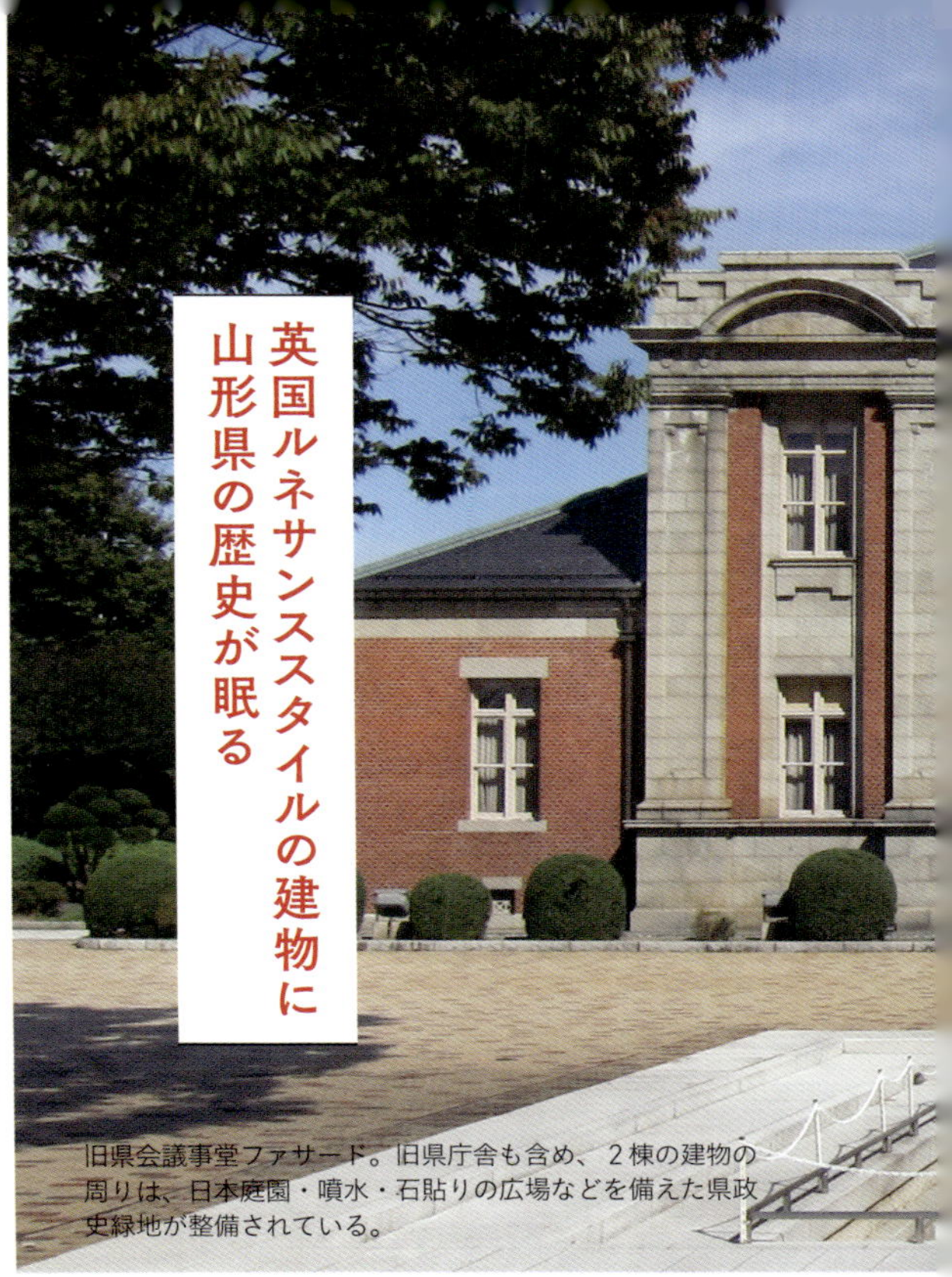

旧県会議事堂ファサード。旧県庁舎も含め、２棟の建物の周りは、日本庭園・噴水・石貼りの広場などを備えた県政史緑地が整備されている。

旧県会議事堂の議場ホールは、明るく広々とした印象。現在はコンサートなどに使用されている。

旧県庁舎

英国ルネサンス様式を基調とした建物で、正面外壁は花崗岩の石貼りだが裏側（中庭側）は赤煉瓦のまま。煉瓦はイギリス積みを採用。ただし、外観は小口積みである。建物中央の時計塔は、札幌の時計台に次いで2番目に古く、銅板飾りの塔屋や重錘《じゅうすい》を時計の動力とした珍しいものである。また、外観の石柱や天井の装飾などにも大正期洋風建築の特徴がよく表れている。

旧県庁舎の裏側は中庭に面している。赤煉瓦が剥き出しのため、表側とイメージが大きく異なる。

●所在地：山形市旅篭町3-4-51
●電話：023-635-5500
●アクセス：JR「山形駅」より路線バスで「市役所前」下車、徒歩約１分

旧県庁舎の中央時計塔は銅板仕上げ。

旧県庁舎は幅67.72m、中央時計塔までの高さ25.15m。煉瓦造りの建物だが、正面は石貼りで仕上げている。

●写真提供：山形県郷土館文翔館

福島県喜多方市

喜《き》多《た》方《かた》の煉《れん》瓦《が》建《けん》築《ちく》群《ぐん》

蔵の街・喜多方は煉瓦の街でもあった

喜多方は市内中心部だけでなく周辺の集落にも数多くの蔵が残る。

蔵の街として知られている福島県喜多方市。市内には蔵が約4000棟あるといわれ、倉庫としてだけでなく店蔵《みせぐら》（店舗）、座敷蔵（住まい）、塗り蔵（漆器職人の作業場）など、幅広い用途でいまも使われている。

蔵の街に残る喜多方煉瓦の蔵

喜多方の蔵を語る時に外せないのが喜多方煉瓦である。蔵といえば土蔵が一般的だが、喜多方では、煉瓦（喜多方煉瓦）を使った蔵が100以上現存し、総煉瓦造りの蔵も40数棟あるという。

喜多方煉瓦は一般的な赤煉瓦と違い、表面に釉薬《ゆうやく》がかけられた施釉《せゆう》煉瓦（釉薬煉瓦）である。釉薬をかけて焼き上げることで表面が硬質化（ガラス化）し、会津の厳しい冬が引き起こす凍害を防ぐというもの。また薪を燃料とした登窯で焼かれるので、煉瓦一枚一枚に微妙な色の変化があるのも特徴とされる。

喜多方煉瓦と男たち

喜多方煉瓦は明治期に二人の男によってはじまった。一人は新潟出身の瓦職人、樋口市郎。喜多方で瓦の生産ができる地を求めていた時、良質の赤土と燃料の赤松が揃った三《み》津《つ》谷地区に行き着き、明治23（1890）年に登窯《のぼりがま》（三津谷の登窯）を建設。樋口窯業として、瓦と煉瓦の生産をスタートさせた。

もう一人が喜多方出身の煉瓦積み職人、田中又一。当時、国策として煉瓦による耐火建築が進められていたおり、東京で最先端の技術を習得。喜多方に戻り、煉瓦建築のみならず煉瓦トンネル工事などにも従事した。

明治35（1902）年に完成した岩月尋常《じんじょう》小学校は喜多方で最初の煉瓦建築で、樋口と田中の共同作業によるもの。この煉瓦造りの小学校に魅せられた街の人たちは、その後次々と煉瓦蔵を造っていく。ここから喜多方の煉瓦文化がはじまった（*）。

三津谷集落の若菜家に残る大正5（1916）年に建てられた蔵。正面、美しい曲線のアーチ形の入口が印象的な3階建ての煉瓦蔵、右には蔵座敷がある。左手前は味噌蔵。

*：ここで紹介する煉瓦蔵はすべて経済産業省認定の近代化産業遺産。

三津谷集落煉瓦蔵群
（若菜家）

三津谷集落には、8棟の煉瓦蔵が現存。なかでも若菜家には、煉瓦蔵、蔵座敷、農作業蔵と4棟の煉瓦造り蔵がある。若菜家は三津谷の登窯建設時の出資者の一人。その謝礼の一部を煉瓦で譲り受け、現在に残る煉瓦造りの蔵が建てられた。

三津谷集落煉瓦蔵群（若菜家）。蔵は見学可（有料）。
●所在地：喜多方市岩月町宮津勝耕作3819
●電話：0241-22-9459
●アクセス：JR「喜多方駅」より車で約15分

三津谷の登窯《のぼりがま》

明治23（1890）年に開業した樋口窯業（昭和45［1970］年に廃業）の登窯。現在残っている登窯は二代目の喜市氏が煉瓦製造の最盛期であった大正時代に建てたもの。十連式で、煉瓦と瓦が焼成可能。全長は18m、全幅が5・1m。

三津谷の登窯の見学は喜多方煉瓦會HPより事前予約が確実。
●所在地：喜多方市岩月町宮津火付沢3567−2
●電話：0241−23−5004
●アクセス：JR「喜多方駅」より車で約10分

若喜《わかき》商店煉瓦蔵

江戸時代創業の醤油・味噌の老舗醸造元で店舗裏に煉瓦蔵と庭が続く。明治37（1904）年に建てられた煉瓦蔵は3階建ての道具蔵と2階建ての座敷蔵で構成されている。外観は洋風の雰囲気だが、座敷蔵の中は伝統的な和の設えとなっている。店舗とともに国の有形登録文化財に登録されている。

若喜商店煉瓦蔵は見学可（蔵敷蔵は不可）。
●所在地：喜多方市字3-4786
●電話：0241-22-0010
●アクセス：JR「喜多方駅」より徒歩約12分

珈琲専門店煉瓦
（旧米蔵）

明治43（1910）年にできた煉瓦造りの米蔵。昭和51（1976）年にカフェとして開業。店内の改修には喜多方煉瓦の創始者である田中又一の孫が携わったという。

金田洋品店店蔵

明治44（1911）年にできた店蔵で、煉瓦造りの店蔵としては現存する最古のもの。三津谷の登窯で焼かれた喜多方煉瓦を使用している。当時としては非常にハイカラな3連アーチ造りが話題となったという。

珈琲専門店煉瓦。煉瓦蔵でコーヒーを味わえる。
●所在地：喜多方市町田8269−1
●電話：0241−22−9183
●アクセス：JR「喜多方駅」より徒歩約2分

金田洋品店店蔵は現在でも店舗として営業。
●所在地：喜多方市1-4638
●電話：0241−23−2061
●アクセス：JR「喜多方駅」より徒歩約16分

●写真提供：喜多方観光物産協会、喜多方煉瓦會

愛知県

半田赤レンガ建物

幻のビール「カブトビール」の工場跡。戦時中は中島飛行機の倉庫だった。

名古屋市市政資料館

煉瓦建築物の最末期となる大正後半に造られた旧裁判所建築。

登窯陶栄窯

焼き物の街、常滑に唯一残る登窯。

ノリタケの森　赤レンガ建築

陶磁器メーカー「ノリタケ」発祥の地に残る近代化産業遺産群。

静岡県

韮山反射炉

欧米列強に対抗する、鉄製大砲を鋳造するために造られた。世界遺産に登録されている。

富山県

下山芸術の森 発電所美術館

旧黒部川第２発電所を利用した美術館。

富山銀行本店

「赤煉瓦の銀行」と親しまれる富山県内唯一の本格的な西洋建築物。

石川県

石川四高記念文化交流館

四高の歴史を刻む、旧制高等学校の雰囲気を残す建物。

石川県立歴史博物館・加賀本多博物館

旧陸軍倉庫を利用した博物館。

Part 3 中部

世界遺産

静岡県
伊豆の国市

韮山反射炉《にらやまはんしゃろ》

国土の防衛に必要な
鉄製の大砲を鋳造した

連双式の反射炉を2基、直角に配している。煉瓦造りの煙突は、昭和32(1957)年に耐震のためにフレームで保護された。煙突の下にある石組み部分が炉体。側面に鋳口(右)と焚口(左)があり、出湯口は煙突裏側の下部にある。

韮山反射炉は、江戸末期に幕府が建設した溶解炉《ようかいろ》である。天保11（1840）年のアヘン戦争以後、西洋列強に対する危機感が高まるなか、軍事力強化の一環として鉄製大砲の鋳造のために反射炉（＊）が造られた。

当初、反射炉の建設は、伊豆下田港に近い賀茂郡本郷村（現在の下田市）ではじまった。しかし、ペリー艦隊の水兵が工事敷地内に侵入したため、急遽、建設地を韮山に変更。煉瓦や石材も移し改めて利用した。

使用した耐火煉瓦は、良質な粘土の産地である賀茂郡梨本村（現在、河津桜で有名な河津町）の登窯《のぼりがま》で生産されたものである。反射炉内は1700度になるが、その高温に耐えられたという。

実際に稼働した国内唯一の反射炉

韮山反射炉は、溶解炉を二つ備える連双式のものが2基あり、計4炉を同時に稼働させることが可能だった。

反射炉は炉体部と煙突部で構成される。煙突が高いのは、燃焼時に人力に頼らず自然送風を確保するため。外見は上に行くにしたがって細くなっているが、内部の穴は上から下まで同じ太さである。炉体部内では、燃料の燃焼熱を炉内の天井に反射させ銑鉄《せんてつ》を溶解。溶解した鉄を出湯口から鋳台に据えた鋳型（型枠）に流し込み、成形した。

韮山反射炉で鋳造された大砲は24ポンドカノン砲が最も多く、幕末期、江戸湾の品川沖や台場に設置された大砲も韮山製である。

なお、大正11（1922）年に国の史跡に指定。その後、平成27（2015）年には「明治日本の産業革命遺産」の構成資産として世界遺産に登録された。

炉体内部断面図

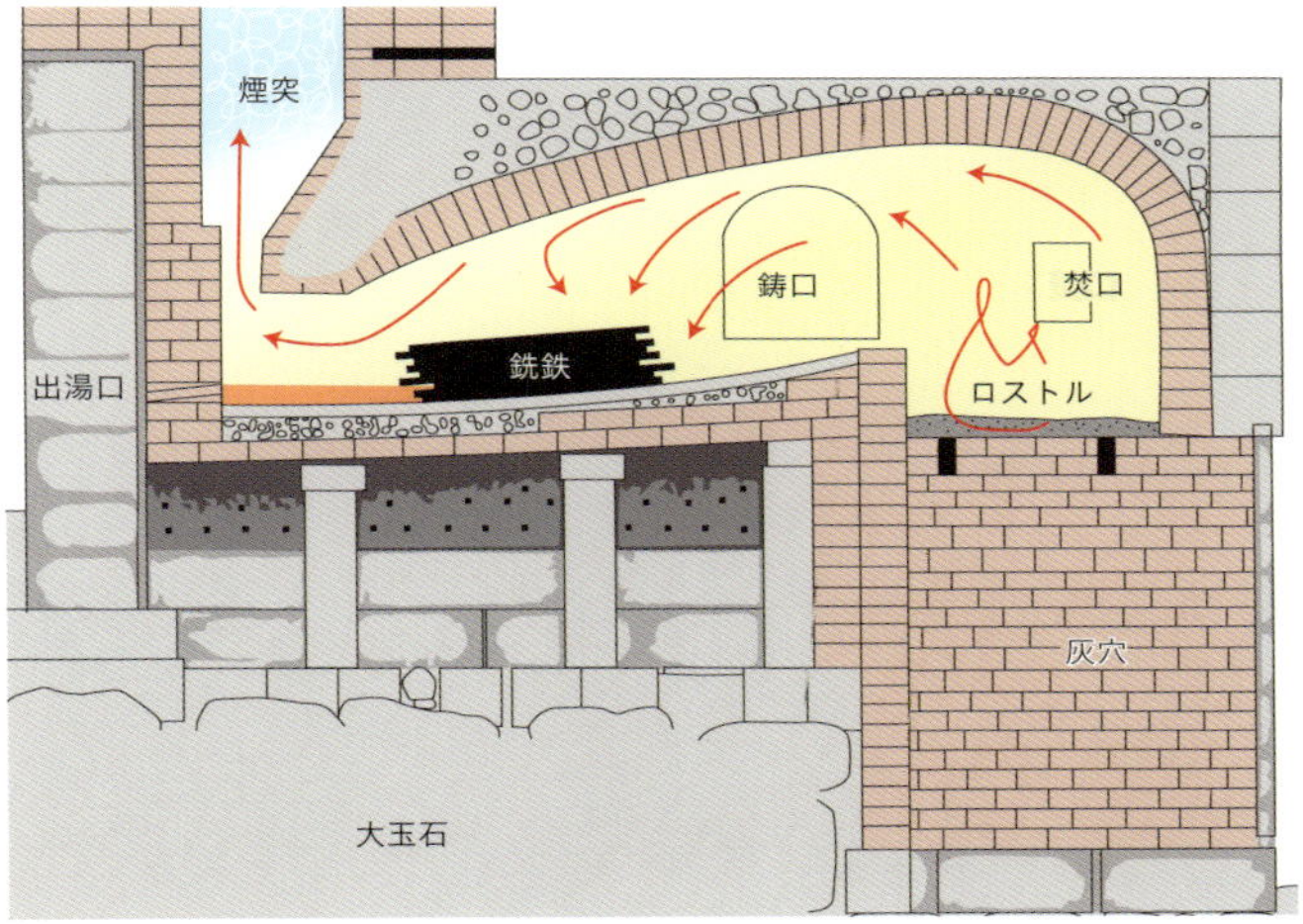

鋳口から炉の中央部分に銑鉄を、焚口から燃料を投入。燃焼によって発生する熱を天井で反射させることで銑鉄を溶かすことができる高温に。溶解した鉄は左の出湯口から取り出した。

韮山反射炉（連双2基［4炉］）の構造と性能	
高　さ	約15.7 m
炉体部	外部 / 凝灰岩石積み（伊豆石）内部 / 耐火煉瓦のアーチ積み
煙突部	煉瓦相積み
溶解量	1炉500～700貫（1.9～2.6t）

韮山反射炉で製造された鋳鉄製24ポンドカノン砲（復元）。

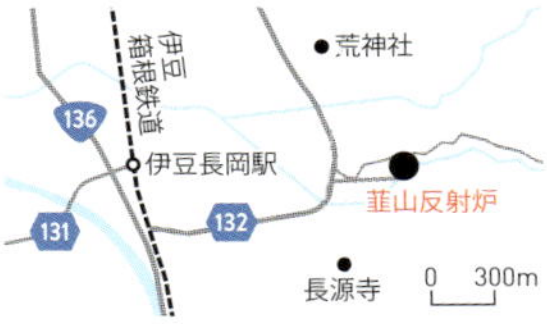

●所在地：伊豆の国市中字鳴滝入268
●電話：055-949-3450
●アクセス：伊豆箱根鉄道駿豆線「伊豆長岡」駅から徒歩約25分またはタクシー約5分

＊：17世紀にイギリスで創始され18世紀にかけてヨーロッパで発達した金属溶解炉のことで、構造的には内部の天井がドーム状になった炉体部と煉瓦を高く積み上げた煙突部から成り立っている。石炭や重油、ガスなどを燃料として火炎を炉内に噴射し天井からの反射熱を一点に集中させることで装入物を加熱・溶解する。幕末期に諸藩によって建設され、薩摩（鹿児島県）、長州（山口県）、水戸（茨城県）にも同様の遺跡がある。

●資料提供：伊豆の国市世界遺産室

重文

石川県 金沢市

石川県立歴史博物館《いしかわけんりつれきしはくぶつかん》・加賀本多博物館《かがほんだはくぶつかん》

（旧金沢陸軍兵器支廠《ししょう》兵器庫）

旧陸軍の師団司令部、砲台（要塞）、兵器製造工場や倉庫などの施設には、煉瓦で造られた建築物が多く見られる。兼六園《けんろくえん》にほど近い本多の森公園内にある石川県立歴史博物館と加賀本多博物館は旧金沢陸軍兵器支廠（*）の兵器庫だった3棟の赤煉瓦建築を活用したものだ。

三つ子のような建物

3棟の建物はいずれも2階建てで左右対称を基本とした端正なデザイン。面積は約1200〜1300㎡、全長（奥行）は90mにおよび、長大な煉瓦建築が並び立つ姿は壮観だ。イギリス積みとフランス積みとが混在した煉瓦造りで、基礎部分には焼《やき》過《すぎ》煉瓦を使用。屋根は桟瓦葺きで内部は木造架構で支持されている。アーチ状に組まれた出入口や両開きの鉄扉がついた上げ下げ窓は、当時の旧陸軍の倉庫建築に共通したものでもある。

旧七号兵器庫（第一棟）を中庭から見る。基礎部分は焼過煉瓦を使用しているので、色がやや異なる。

二つの博物館が入る旧陸軍兵器支廠の建物群は、戦後、金沢美術工芸専門学校（現在の金沢美術工芸大学）に使用されていたもの。昭和61（1986）年、石川県立歴史博物館として開館。現在は、敷地内に入って手前（第一・二棟）2棟と奥

＊：兵器・弾薬、機材などの補給や要塞の備砲工事などを担当した陸軍の機関が「兵器廠」で、日清戦争後の明治30（1897）年に設置された。「兵器支廠」とは、師団所在地に置かれたもの。

旧七号兵器庫(第一棟)の開口部。ほかの棟と同じくアーチ状で、窓は鉄扉の内側に鉄格子と上げ下げ窓が入る。

本多の森公園に残る3棟の旧陸軍兵器庫(左から、七号兵器庫、六号兵器庫、奥が五号兵器庫)。この辺りは江戸時代、加賀藩の家老・本多家の屋敷が軒を連ねていたという。

の1棟（第三棟）の東側半分が同博物館として、残り半分が加賀本多博物館として利用されている。

なお、建物はみな国の重要文化財に指定されている。

第一棟 歴史博物館（旧七号兵器庫）

現在、第一棟と呼ばれる兵器庫は竣工が大正3（1914）年と、3棟のなかでは最も新しい。

見どころは階段室で、職人技が生かされた手摺や踊り場など倉庫とは思えないほど立派である。また昭和58（1983）年の復元保存工事の際に、煉瓦と石を積み上げた基礎が発見されている。

歴史博物館の歴史発見館として、古代から現代に至るまでの石川県の歴史と文化に関連する遺物や資料などを展示している。

また、第二棟とは出入口を通してつながっている。見学は有料。

旧七号兵器庫の妻側外観。左右対称で端正な造りながら、窓と窓の間に設けられたバットレスが壁面のアクセントになり単調さを軽減している。

(右) 旧七号兵器庫の階段室。兵器庫に似つかわしくない美しい造りで、まるで洋館のような雰囲気を醸し出している。
(左) 昭和58(1983) 年の復元保存工事の際に土中から掘り出された基礎部分。石と煉瓦を2mほど積み上げ、この上に支柱を建て木造架構を支えていた。

（上）3棟の中央に位置する旧六号兵器庫（第二棟）も、ほかの2棟同様に鉄扉のついた上げ下げ窓や壁面のバットレスなど、シンプルな外観が質実剛健な雰囲気を醸し出している。
（下）左側の赤煉瓦建物が主要展示室のある第一棟で、中央が歴史博物館の入口。右側が第二棟。

第二棟

歴史博物館

（旧六号兵器庫）

第二棟は第一棟に比べ130㎡ほど大きい倉庫で、竣工は大正2（1913）年。現在は歴史博物館の交流体験館として1階には本建物の歴史と価値を紹介するギャラリーなどが、2階には歴史体験ひろばや多目的ホールなどがあり、無料で利用することができる。

第三棟

加賀本多博物館

（旧五号兵器庫）

明治42（1909）年の竣工と最も古い建物で、第二棟とほぼ同じ大きさである。イギリス積みの煉瓦や堅牢なアーチ形出入口など造りは、第一棟、第二棟とまったく同じである。

加賀藩の家老であった本多家に伝わる鎧や槍などの武具、馬具など貴重な品々を展示する。

見学は有料。

（上）正門から進んだ一番奥に建つ旧五号兵器庫（第三棟）は、加賀本多博物館などとして活用されている。隣り合う歴史博物館とともに「いしかわ赤レンガミュージアム」と呼ばれている。
（下）旧五号兵器庫の入口。アーチ部分も煉瓦がきれいに積み上げられている。

●所在地：金沢市出羽町3-1
●電話：076-262-3236（石川県立歴史博物館）／076-261-0500（加賀本多博物館）
●アクセス：JR「金沢駅」より徒歩約37分

●写真提供：高橋映次、細野省吾、石川県立歴史博物館

重文

石川県
金沢市

石川四高記念文化交流館《いしかわしこうきねんぶんかこうりゅうかん》

（旧第四高等中学校本館）

学都・金沢を象徴する 四高の赤煉瓦校舎

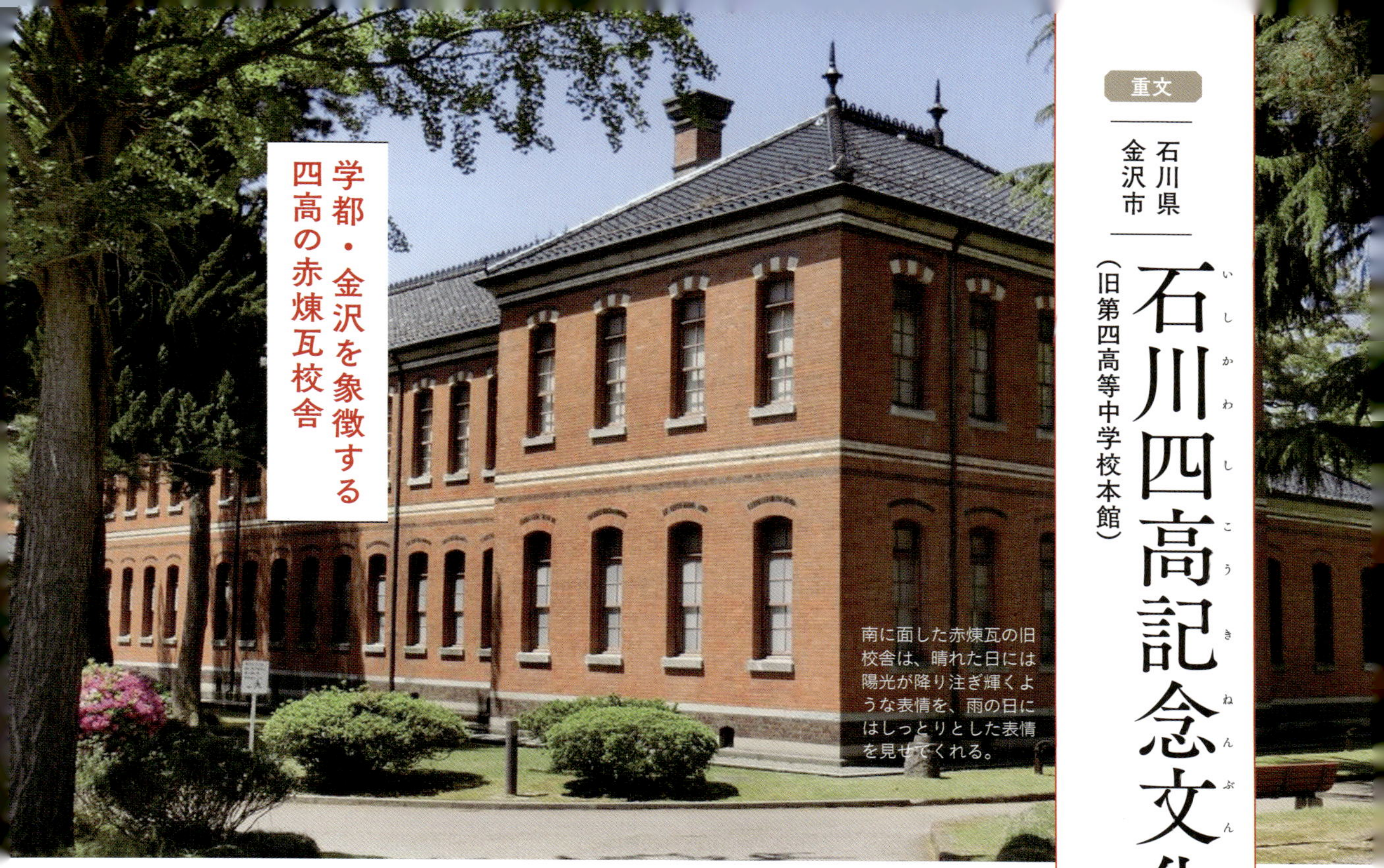

南に面した赤煉瓦の旧校舎は、晴れた日には陽光が降り注ぎ輝くような表情を、雨の日にはしっとりとした表情を見せてくれる。

明治24（1891）年、文部技師であった山口半六、久留正《くるまさ》道《みち》の設計によって建てられた煉瓦造の旧第四高等中学校本館（*1）を利用したのが、石川四高記念文化交流館である。

外観の単調さを抑える工夫

2階建ての旧校舎は建物両サイドを外壁から前に張り出し、屋根は寄《よせ》棟《むね》で桟瓦葺き。外壁は赤煉瓦だけではなく軒周りや腰周りに白煉瓦や釉《ゆう》薬《やく》煉瓦（*2）を用いてアクセントをつけている。また、窓の上部、アーチ部分のデザインを上下階で変えるなどし建物を立体的に見せている。

石川四高記念文化交流館は、旧四高の歴史を伝える石川四高記念館と泉鏡花《いずみきょうか》や徳田秋声《とくだしゅうせい》、室生犀星《むろうさいせい》など石川県を代表する文学者の資料を展示する石川近代文学館とから成り立っている。

昭和44（1969）年、国の重要文化財に指定された。

屋根には軒飾りのほか雪止め金具を載せるなど、雪国ならではの工夫も施されている。

建物は、四高記念館と近代文学館とで併用されている。

●所在地：金沢市広坂2-2-5
●電話：076-262-5464
●アクセス：JR「金沢駅」よりバスにて「香林坊（アトリオ前）」から徒歩約2分

*1：高等中学校は旧制高等学校の前身で、帝国大学の予備教育機関。東京・仙台・京都・金沢・熊本（P156）が設けられた。
*2：通常の赤煉瓦の表面に陶器のように釉薬を塗り焼いた煉瓦のこと。

●写真提供：高橋映次

高岡を代表する観光スポットの一つで、山町筋の景観を構成する伝統的建造物に指定されている。また、建築から100年を迎えた平成26（2014）年には、「富山の建築百選」「とやまの近代歴史遺産百選」にも選ばれている。

辰野金吾監修による県内唯一の本格的西洋建築物

富山県
高岡市

富山《とやま》銀行《ぎんこう》本店《ほんてん》

（旧高岡共立銀行本店）

高岡市民から「赤煉瓦の銀行」と親しまれている富山銀行本店は、富山県内唯一の本格的な西洋建築物。大正３（１９１４）年に富山銀行の前身である高岡共立銀行本店として建てられた。

伝統的街並に溶け込む大正時代の煉瓦建築物

この建物は辰野金吾監修によるもので、辰野が設計した東京駅を模したとされる擬ルネサンス様式。イギリス積みの鉄骨煉瓦造り2階建てで、角部には塔屋が、屋根上には尖塔が設けられている。外壁は赤煉瓦、屋根は緑青の銅板葺き、建物の基壇部分や柱、ルネサンス風の装飾が施された窓周りには花崗岩が使用されている。正面入口にはエンタシス風の柱があり、上部に三角破風がある。

現在も富山銀行の本店として使用中だが、２０１９年夏頃、本店の移転にともない高岡市に譲渡予定だ。

三角破風（ペディメント）のついた正面入口。柱はエンタシス風。

建物コーナーの上部には、緑青の美しい銅板葺きの尖塔が設けられている。

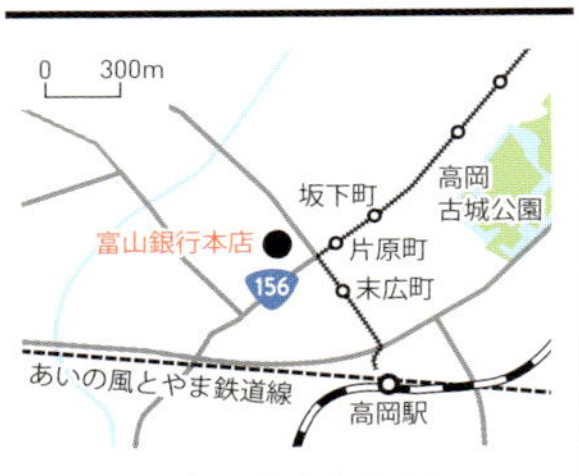

●所在地：高岡市守山町22
●電話：0766-21-3535
●アクセス：JR「高岡駅」より徒歩約10分

富山県
入善《にゅうぜん》町

下山芸術の森《にざやまげいじゅつのもり》 発電所美術館《はつでんしょびじゅつかん》

（旧黒部川第2発電所）

発電所をリノベした美術館 巨大空間に圧倒される

外観も内部も簡素だが発電所建物を利用した美術館は、発電所ならではの巨大さに目を奪われる。

黒部川扇状《せんじょう》地の田園風景のなかに下山芸術の森があり、その中心地に大きな煉瓦壁が目を引く建物がある。国の登録有形文化財となっている発電所美術館だ。

台地を生かした発電所

黒四ダム（黒部第四ダム）でおなじみの黒部川は、急傾斜で広大な扇状地をつくり出した。発電所美術館の前身は、この黒部川扇状地に特徴的な河岸段丘《かがんだんきゅう》を利用した低落差の小型水力発電所である。建てられたのは大正15（1926）年。その後、水力発電所の役割を終え、平成7（1995）年、主に現代作家の新作展を行う美術館に生まれ変わった。

建物は鉄筋コンクリート造りで、屋根は鉄板葺き、壁は煉瓦積み。外観の印象は、ほかの赤煉瓦建築物と比べ簡素である。天井の高さが約10mの内部も簡素で小屋組みの鉄骨トラスが巨大さを物語り、さながら工場のよう。建物の山側にあたる壁面には、洞窟のような直径3mの導水管口が三つある。発電は3基のタービンで行っていたが、そのなかの1基がそのままの状態で残されている。

美術館背後の段丘に上ると、黒部川の水を発電所に送り込んだ3本の導水管が残っている。

また、すぐそばには赤煉瓦造りの水槽上屋を改装した喫茶室があり、美しい黒部川扇状地が一望できる。

美術館内部。高さ10m、剥き出しの鉄骨トラスが工場の様相を呈している。左側、階段脇の壁面の黒い部分が導水管口で、左側にさらに2口ある。

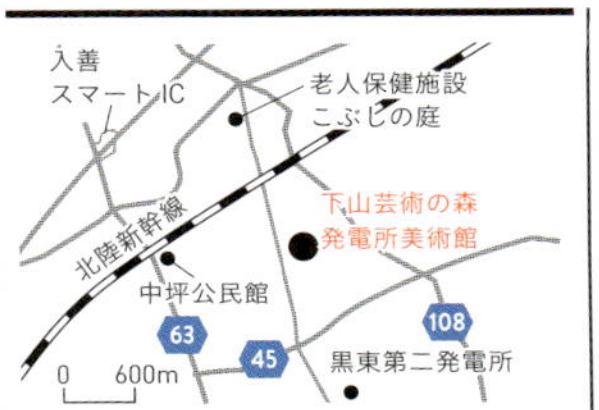

●所在地：下新川郡入善町下山364-1
●電話：0765-78-0621
●アクセス：北陸自動車道入善スマートICから約5分

●写真提供：入善町役場教育委員会事務局

南側正面は左右70mの長さにもなる。赤と白のコントラストが特徴的な建物は、隣接する特別史跡・名古屋城と一体となって界隈の景観を引き立てている。

重文

愛知県
名古屋市

名《な》古《ご》屋《や》市《し》市《し》政《せい》資《し》料《りょう》館《かん》

（旧名古屋控訴院）

煉瓦と花崗岩とを重ねた1階に対し、2階から3階は白い柱が赤い煉瓦に通り、そのコントラストが非常に美しい。ネオ・バロック様式の荘厳な洋風建物は名古屋市市政資料館。前身は名古屋控訴院（※1）である。

竣工は大正11（1922）年。この翌年に起きた関東大震災では数多くの煉瓦建築が倒壊し、以後、新たに大規模な煉瓦造りの建物が建てられることはなくなる。そのため、煉瓦建築物としては最末期の大規模近代建築となった。

設計は、司法省営繕課の金刺森太郎と山下啓次郎が担当した（ちなみに山下は、ジャズピアニスト山下洋輔の祖父）。

贅を尽くした仕上げに作り手たちの技が潜む

4年の歳月と当時の金額にして約90万円をかけて造られた建物は、中央にドームの架かった塔屋をもち、延べ床面積約7000㎡、南側正面の長さは約70m、塔屋先端までの高

建物中央にはドームの架かった塔が載る。また、横から見ると玄関にはゲートが設けられているのがわかる。

2階から3階にかけて吹き抜けになっている中央階段室。マーブル仕上げの手摺が豪華で、贅沢な印象を与えている。

階段室の吹き抜けに面した3階から2階を見下ろす。3階には回廊が巡らされている。

赤と白が織りなす外観と左右対称の造り

3階の第8常設展示室は、明治憲法下の法廷（復原）。裁判官、検察官、弁護士などの姿を含め復原した。

中央階段を登り切った正面と天井に設けられたステンドグラスが秀逸である。

さは28mと大規模なもの。煉瓦壁と鉄筋コンクリート造りの梁や床を組み合わせた構造で、屋根は塔屋を除き天然スレート葺き。

内部の見どころは、2、3階を吹き抜けとした中央階段室。正面と天井にステンドグラスをはめ込み、漆喰やマーブル塗り（*2）が施された手摺など高度な仕上げが美しい。建物や市政、司法に関する展示も充実しており、展示室の数は11にものぼる。なかでも3階の会議室は創建当初の姿に復原され、内装や調度品を目近に堪能することができる。また、明治憲法下および現行憲法下の法廷、昭和初期の陪審法廷、留置場も復原・展示されている。

建物は現存する最古の控訴院で、昭和59（1984）年には重要文化財に指定された。

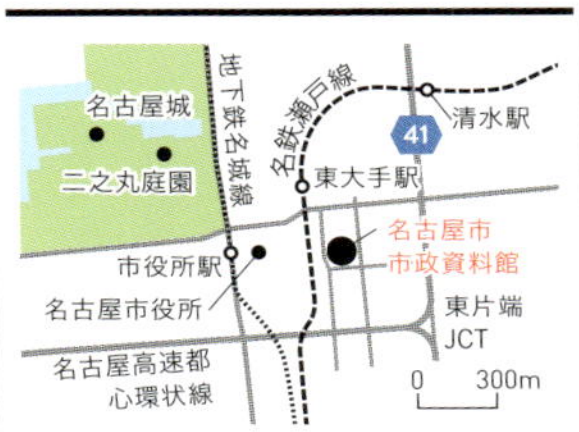

●所在地:名古屋市東区白壁1-3
●電話:052-953-0051
●アクセス:地下鉄名城線「市役所駅」より徒歩約9分

*1: 現在の高等裁判所に相当するもので、明治憲法下では大審院と地方裁判所の中間に位置づけられた裁判所。東京・大阪・宮城（仙台）・広島・名古屋・札幌・福岡の7カ所に置かれていた。
*2: 大理石調塗装のこと。

愛知県
名古屋市

ノリタケの森《もり》 赤《あか》レンガ建築《けんちく》

（ノリタケ旧本社工場）

美しい陶磁器を作るための近代的設備を備えた大工場

敷地面積約2万㎡、6000本もの樹木に囲まれたノリタケの森。中央にある噴水広場に面して赤煉瓦建築物が並ぶ。写真中央から右手に見えるのがコの字平面をもつ赤レンガ建築（旧製土工場と旧陶磁器センター）。通りをはさんで左の煉瓦建築物は、明治40年代に建設されたもので、現在は陶磁器を販売するショップやカフェが入っている。通りを抜けた奥に6本煙突が立つ煙突広場がある。

JR名古屋駅にほど近い場所に、複合施設ノリタケの森（＊）がある。ノリタケの陶磁器を生んだこの地に旧製土工場など複数の煉瓦建築物が残る。

美しい磁器との出会いからはじまった

ノリタケの創業者は幕末期、御用商人であった森村市左衛門だ。明治9（1876）年、東京・銀座に輸入商社森村組を創業。弟の豊《とよ》をニューヨークに送り、雑貨店モリムラブラザーズを開いて貿易を開始した。

貿易商となった市左衛門が陶磁器の製造に乗り出したきっかけは、明治22（1889）年のパリ万博。この視察でヨーロッパ磁器に魅せられた市左衛門は、美しい陶磁器を作りたいという思いを強くし、8年後、ヨーロッパへ技術者を派遣。国産原料を使った白色硬質磁器への挑戦がはじまった。

そして明治37（1904）年、ノリタケの前身となる日本陶器合名会社を現在ノリタケの森がある則武《のりたけ》の地に設立、近代的な設備を備えた大工場を建設した。この地は、陶磁器の原料を産出する瀬戸が近く、豊富な工業用水にも恵まれていた。さらに製品の輸出拠点となる横浜港と神戸港の中間に位置しており、陶磁器の製造と販売、輸出に欠かすことのできない好条件が揃っていた。

その後、昭和53（1978）年に本社工場が移転するまで食器生産が続けられた。現在残るのはその工場の一部である。

建物が語る窯業近代化の歩み

ノリタケの森敷地内に残る赤レンガ建築と名付けられた建物と鉄筋コンクリート造りの煙突は、平成19（2007）年、経済産業省の「近代化産業遺産」に認定されている。

赤レンガ建築
（旧製土工場）

日本陶器合名会社を設立した明治37（1904）年に建てられた煉瓦造りの製土工場。創業時の建物では唯一、現存するものである。3階建てで外壁はオランダ積み。良質な焼き物を製造するには良質な陶土を安定的に供給することが欠かせないが、この工場では陶磁器の要ともいえる土作りを行っていた。

上部がアーチ状になっている開口部は、防犯・セキュリティ対策として鉄扉が入っている。

なお、旧製土工場には市左衛門ら6人の創業者が署名した宣言文が埋め込まれていたが、現在は敷地内のクラフトセンター・ノリタケミュージアムの3階に展示されている。

（上）噴水広場から赤レンガ建築（旧製土工場）を見る。陶磁器の命ともいえる土を作っていた旧製土工場は防犯対策として開口部が鉄扉で塞がれている。（下）旧製土工場の裏側に回ると、旧陶磁器センターが見える。

赤レンガ建築
（旧陶磁器センター）

明治末期に建造されたと考えられる3階建ての旧陶磁器センター。元は煉瓦造りであったが、昭和2（1927）年に改修され鉄筋コンクリート造りとなり、外壁のみ当時の煉瓦が残っている。

なお現在、旧製土工場、旧陶磁器センターとも倉庫として使われており、内部の見学はできず外観しか見られない。

六本煙突

昭和8（1933）年、工場改築の際に立てられた陶磁器焼成用トンネル窯の煙突。昭和15（1940）年まで使用された。根元にあたる部分には窯から出る煙を煙突に送る煙道を見ることができる。当時は高さ45mで、名古屋市にテレビ塔ができるまで、名古屋城に並ぶ高い建造物の一つであった。昭和54（1979）年に上部が撤去され8mになった。

敷地内の奥に立つ6本の煙突。工場移転時にモニュメントとして残された部分だが、高さ8mと十分に大きい。蔦の絡んだ姿が歴史を感じさせる。

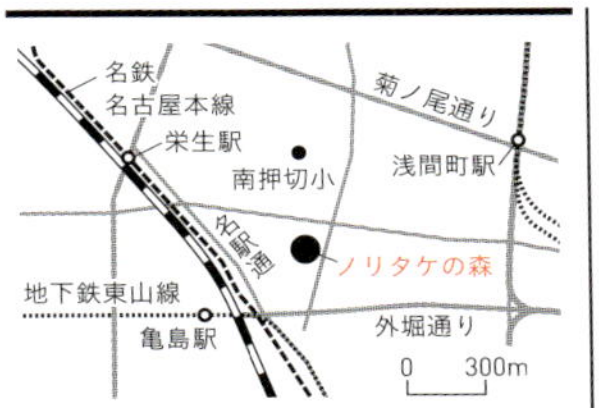

●所在地：名古屋市西区則武新町3-1-36
●電話：052-561-7114
●アクセス：地下鉄東山線「亀島駅」より徒歩約5分

*：ノリタケ（ノリタケカンパニーリミテッド）が、近代陶業発祥の地でもある本社敷地内にオープンした総合施設。ちなみに社名のノリタケは、創業時の愛知県愛知郡鷹場村大字則武（現在の名古屋市中村区則武）に由来する。

●写真提供：ノリタケの森　運営・企画グループ

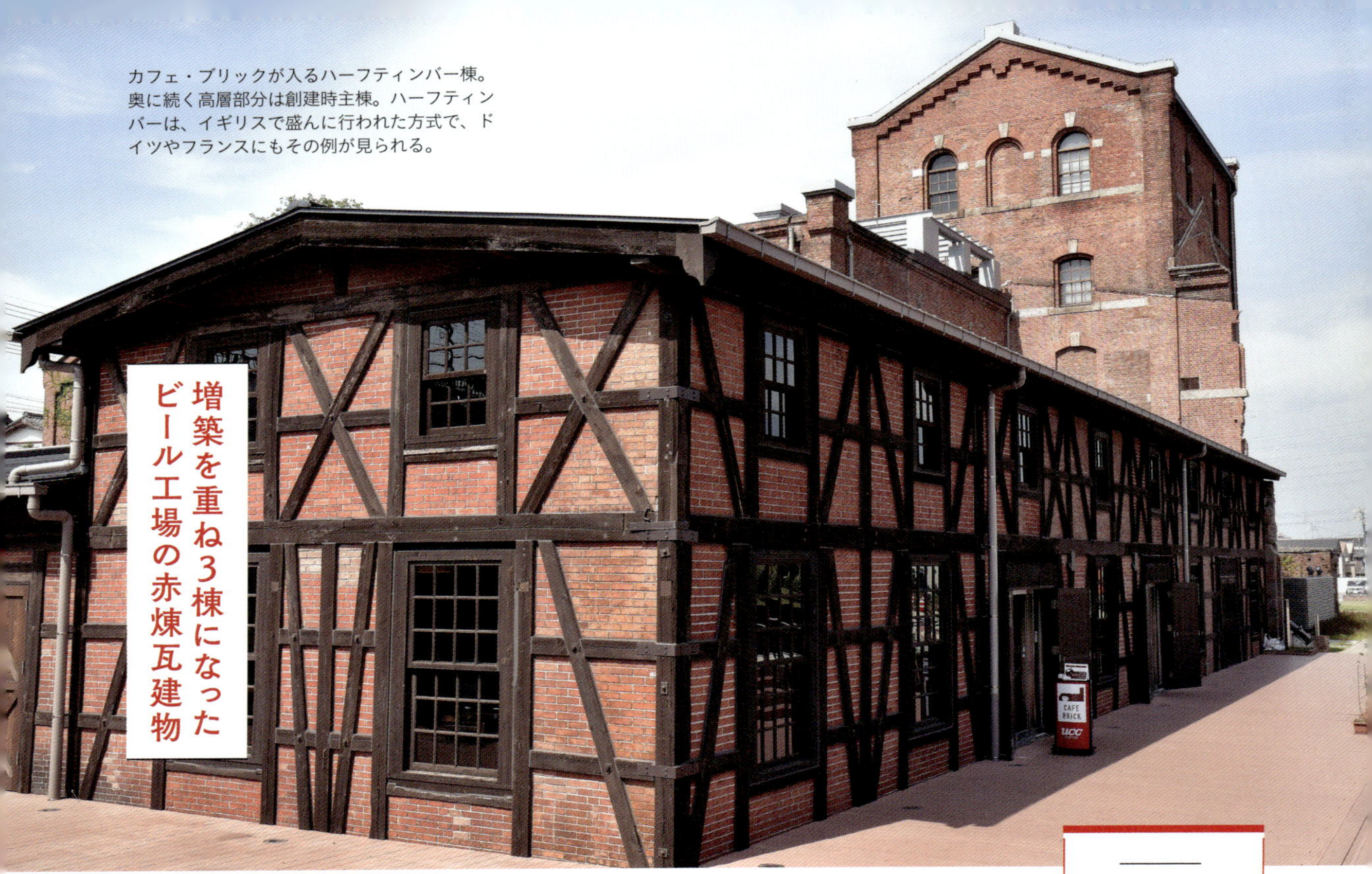

カフェ・ブリックが入るハーフティンバー棟。奥に続く高層部分は創建時主棟。ハーフティンバーは、イギリスで盛んに行われた方式で、ドイツやフランスにもその例が見られる。

増築を重ね3棟になった ビール工場の赤煉瓦建物

愛知県 半田市

半田《はんだ》赤《あか》レンガ建物《たてもの》

（旧カブトビール工場）

現在では「幻のビール」となってしまったカブトビール。その製造工場であった煉瓦建築物が現存している。

明治33（1900）年のパリ万博で金賞を受賞したカブトビール。しかし、昭和18（1943）年に工場は閉鎖された。その後、この煉瓦建物は中島飛行機製作所の衣糧倉庫として、終戦後には日本食品化工のコーンスターチ製造工場として利用されたが、平成8（1996）年、半田市へ譲渡され、一般公開されることになった。

ビール片手に明治建築を味わう

旧カブトビール工場にはハーフティンバー棟、創建時主棟、貯蔵庫が残っており、3棟がつながって一つの大きな建物をなしている。設計は明治期を代表する建築家、妻木頼黄《つまきよりなか》。ビール工場の性格上、安定した温度と湿度を保つことが必要で、現在ではほとんど例のない中空構造の複壁や多重アーチ床など、極めて特徴的な構造をもつ。なお3棟とも国の登録有形文化財である。

現在は、カブトビールの歴史を紹介する展示室や生カブトビールが味わえるカフェなどが整備され、多くの人で賑わっている。

ハーフティンバー棟

主棟南辺に接続するハーフティンバー棟は、瓶洗い・瓶詰め・荷造りなどの出荷作業を行っていた建物。明治31（1898）年に建造された木骨煉瓦造り、鉄板葺きの平屋建て。胴差し（*）を入れて高窓を開いた切妻屋根部分と主棟から片流れの屋根を架けた部分からなる。

ハーフティンバーとは、木造住宅

*：木造軸組み工法（在来工法）で、2階の床の高さで建物の周りをぐるりと巡る横架材のこと。

の様式で、柱、梁、斜材など軸組み構造材をそのまま外部に出し、その間の壁体を石や土、あるいは煉瓦で充填したもの。この建物でも、木造の軸組みの間に煉瓦を長手が見えるように積み上げている。国内では、旧富岡製糸場（P50）が同様のハーフティンバー（木骨煉瓦造）の方式を採用している。

ハーフティンバー棟はイギリス積みによる赤い煉瓦壁と木骨の柱梁、筋交いが織りなす外観が印象的だ。

創建時主棟

明治31（1898）年の工場創建時に建てられた建物がこの創建時主棟で、2階建て部分と5階建て部分からなる。

醗酵室や貯蔵庫として使われていた2階建て部分は、イギリス積みを採用した厚い煉瓦造りの間仕切壁で奥行のある穴蔵状の部屋に分割されている。床と天井にはI形鉄梁を架け、その間を煉瓦アーチで埋めた耐火床としている。窓は櫛形アーチで、中央の最上部には楔形の要石《かなめいし》を配している。

創建時主棟の5階建て部分。工場全体の要に位置し事務室や技師室などがあった。右手は貯蔵庫。

また、ひと際高い5階建て部分は、工場全体の要の位置にあり、事務室や技師室などがあった。半円アーチの窓には要石と迫元石《せりもといし》を3カ所に配している。

貯蔵庫

創建時主棟の北辺から西辺に接続する増築部が貯蔵庫で、醗酵室、貯蔵室として用いられていた。増築は3回行われ、毎回、煉瓦造り2階建て、切妻造り鉄板葺きの建物を建て増していった。壁体はイギリス積み、妻壁上部はペディメントの造りで円窓が設けられている。そのほかの窓は要石付きの櫛形アーチである。

また建物北面には、アメリカ軍のP51戦闘機による機銃掃射の痕が残っている。

北側から見た貯蔵庫。正面の大きな切妻建物は、明治41（1908）年に、右手は大正7（1918）年に増築したもの。この奥に大正10（1921）年に増築した建物がある。

貯蔵庫北側壁面に残る機銃掃射の痕。70年以上の歳月を経ても戦争の記憶が生々しい。

建物を火災から守るためだけではなく、ビール醸造の際に温度や湿度を一定に保つために採用された創建時主棟の耐火床。

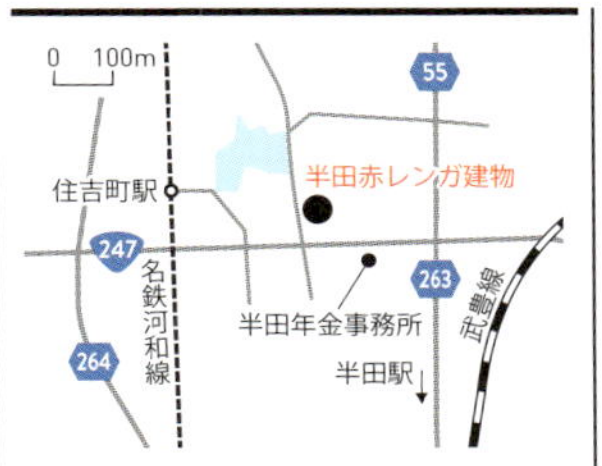

●所在地：半田市榎下町8
●電話：0569-24-7031
●アクセス：JR「半田駅」より徒歩約15分

愛知県
常滑市

登窯陶栄窯《のぼりがまとうえいがま》

陶栄窯の煙突は両端に行くにしたがって高くなっている。これは通気力を利用したもので、窯の隅々まで均一に焼けるように考えられたもの。

平安以来の陶器の産地に唯一残った登窯

傾斜地に造られた登窯。最下部の第一室は石炭が使えるよう、明治38(1905)年に改良した。

愛知県、知多《ちた》半島の中央部に位置する常滑《とこなめ》市は陶器の街。市の中心部には煉瓦造りの煙突や窯が点在し、窯業で栄えた街並が残っている。伝統産業である常滑焼は日本六古窯（*1）の中でももっとも古く、規模も最大である。

最大級の現存登窯

常滑には「やきもの散歩道」と呼ばれる散歩コースがある。窯場《かまば》を縫うように小道をめぐると、10本の煙突が特徴の陶栄窯が見えてくる。

陶栄窯は勾配約20度の傾斜地にある登窯で、8つの燃焼室が連なっている。明治20（1887）年頃の築造とされ、長さ22m、高さ3・1m、幅9・6mと現存する登窯では日本最大級の規模を誇る。

登窯の栄枯盛衰

常滑では室町期の大窯（*2）と同じ構造を持つ窯を江戸時代まで使っていた。江戸末期の天保年間になって、連房式《れんぼうしき》登窯（*3）というすべての製品を高温で焼き上げることのできる新しい窯を導入。これにより硬く焼きしまった真焼物《まやけもの》を効率よく生産できるようになった。

当初は薪を燃料としていたが、薪の価格が高騰するなど燃料代が不安定であった。そこで、第一室で石炭を使えるように改良した折衷式《せっちゅう》登窯が登場、一般的になる。ところがその後、石炭窯が導入されると、登窯の数は急速に減少。最盛期には常滑に60基ほどあった登窯も、いまや1基が残るだけ。昭和49（1974）年に操業を終えた陶栄窯である。

陶栄窯は昭和57（1982）年に国の重要有形民俗文化財に指定され、いまでは窯の中を見学することができる。

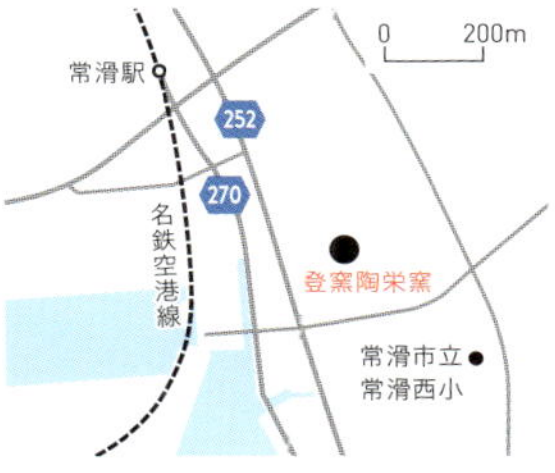

●所在地：常滑市栄町6
●アクセス：名鉄常滑線「常滑駅」より徒歩約15分

陶栄窯の仕組み

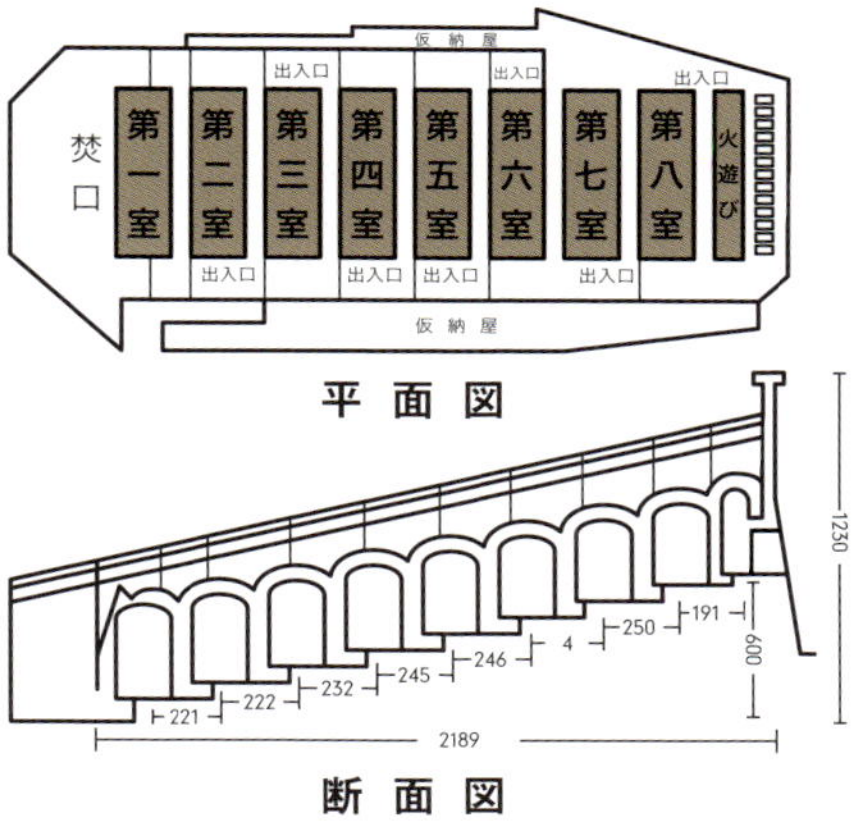

陶栄窯図面。第一室で焚かれた炎が天井に上がり、第二室へ、第三室へと順に吹き上がる仕組みになっている。

TOPICS

やきもの散歩道を行く

常滑の焼き物の歴史に触れることができる「やきもの散歩道」。地場産業の「陶磁器」をテーマにした観光モデルコースで、AとBの二つのコースがある（※）

とくに、1周が約1.6kmのAコースはおすすめ。陶栄窯をはじめ、昭和47（1972）年まで土管を製造していた共栄窯跡（現在はギャラリーや陶芸教室などに活用）、陶器製の土管や瓶を埋め込んだ坂道などを見ることができる。

Aコース、Bコースとも出発点は常滑駅から徒歩約7分のところにある常滑市陶磁器会館。散歩が終わったら、ここで常滑焼を買うのもいい。

土管坂(Aコース)。右手の壁には昭和期に作られた焼酎瓶が、左手の壁と路面には明治期に作られた土管が埋め込まれている。

でんでん坂(Aコース)。江戸時代、廻船業を営み常滑の焼き物を全国に広げた瀧田家の前を通る坂道。法面《のりめん》に常滑焼の瓶が埋め込まれている。

※：コース詳細は、常滑観光協会ホームページ(http://www.tokoname-kankou.net)参照

*1：常滑、瀬戸、越前、備前、丹後、信楽の六つのこと。
*2：古墳時代から続く穴窯と、江戸時代に導入される登窯の中間にあたる半地上式の単室窯で、現代でも一部で大窯が使われている。
*3：傾斜地を利用し、焼成室を連続的に複数重ねた窯。

●資料提供：とこなめ陶の森

京都府

南禅寺水路閣

南禅寺境内にある煉瓦造りの水路橋。

聖母女学院本館

左右対称のルネサンス風意匠が戦争の歴史を包む。

京都国立博物館 明治古都館

宮廷建築の名手が設計した、ギリシャ神殿を彷彿とさせる建物。

神崎煉瓦ホフマン式輪窯

登窯からホフマン式輪窯に造り替え生産性を向上させた。

京都府京都文化博物館 別館

辰野金吾設計の日銀支店の建物。

同志社大学　彰栄館ほか

「赤煉瓦建築物の展示場」といわれる今出川キャンパス。

舞鶴赤れんがパーク

日本海軍の鎮守府があった舞鶴に残る海軍が建造した赤煉瓦倉庫群。

琵琶湖疏水

水運や灌漑などに利用された京都〜琵琶湖間の水路沿いに赤煉瓦の建造物が残る。

同志社女子大学 ジェームズ館

洋と和とが巧みに混在し洗練された赤煉瓦校舎。

大阪府

旧天王貯水池

まるでフランス・パリの凱旋門を思わせる大阪府で２番目に造られた貯水池。

旧大阪砲兵工廠 化学分析場

戦時中には新兵器の開発に使われたと思われる建物。

大阪市中央公会堂

義侠の相場師による寄付と日本初のコンペによって建てられた市民ホール。

Part 4
近畿

兵庫県

姫路市立美術館

姫路城を背景に建つ旧陸軍倉庫が美術館に。

風見鶏の館

煉瓦壁と尖塔の風見鶏で知られる異人館街のシンボル的建物。

神戸文学館

関西学院発祥の地に建つ旧チャペル。

旧鐘紡洲本工場

淡路島に残るカネボウ旧紡績工場の赤煉瓦建築。

相楽園　旧小寺家厩舎

馬小屋と馬車の車庫とが一体になった洋式厩舎建築物。

和歌山県

友ヶ島砲台跡

紀淡海峡に位置する友ヶ島に残された砲台の跡。

奈良県

奈良少年刑務所跡

明治期に建造された「五大監獄」の一つで、放射状にのびた獄舎で知られる。

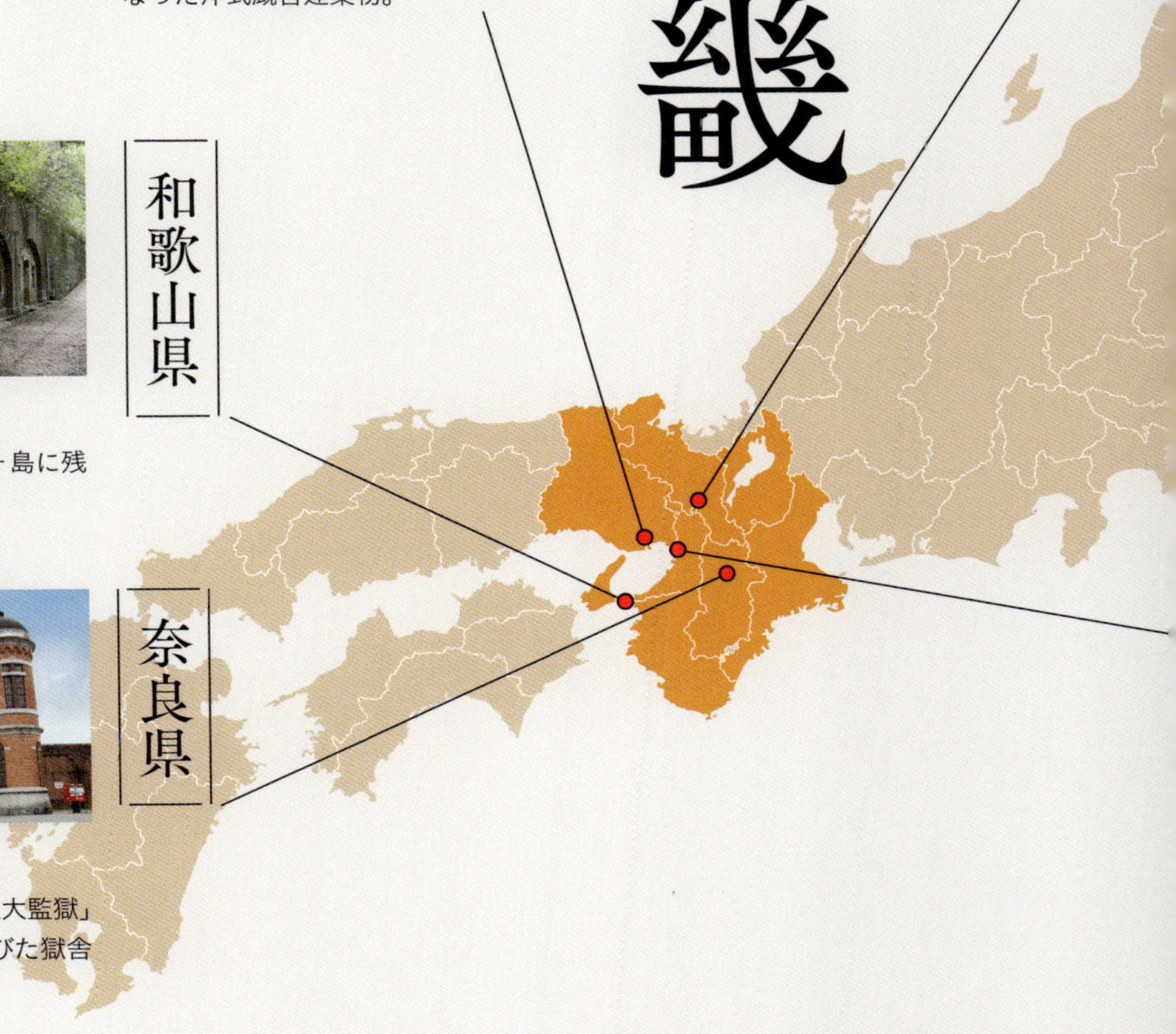

重文

京都府 京都市

京《きょう》都《と》国《こく》立《りつ》博《はく》物《ぶつ》館《かん》 明《めい》治《じ》古《こ》都《と》館《かん》

（旧帝国京都博物館本館）

京都国立博物館は、明治30（1897）年に帝国京都博物館として開館。明治維新後に起きた廃仏毀釈などで日本の伝統文化が破壊されていくのを憂い、貴重な文化財を保護するために設立された。

以来120年にわたり、京都国立博物館は保存・収集・研究・展示を行うわが国屈指の博物館として、幅広い活動を継続してきた。収蔵品も、平成29（2017）年3月の時点で、京都を中心とした社寺の寄託品や蒐集家達の貴重なコレクションが6189件、博物館が収蔵する品が7794件と膨大な数にのぼっている。

京博のシンボル 赤煉瓦の旧本館

平成26（2014）年、開館100周年を記念して、昭和40（1965）年に建てられた展示館を建て替え、新館としてオープン。平成知新館と名付

けられた。それに呼応して開館当初、博物館のシンボルとして親しまれてきた本館は明治古都館と名付けられ、特別展覧会場として活用されることになった（現在は、免震改修工事などで旧館中）。

明治古都館は明治25（1892）年に着工、竣工は3年後の明治28（1895）年になる。工事には大工・石工・煉瓦職人・左官・鋳工など多様な分野の工匠が近畿圏のみならず東京からも集められたという。

宮廷建築の名手片山東熊が設計

設計を担当したのは宮内省内匠寮《くないしょうたくみりょう》技師の片山東熊《かたやまとうくま》。片山は、東京駅を設計した辰野金吾《たつのきんご》、神奈川県立歴史博物館（旧横浜正金銀行本店）を設計した妻木頼黄《つまきよりなか》とともに明治の三大建築家の一人。国宝に指定されている赤坂迎賓館（旧東宮御所）をはじめ、奈良国立博物館なら仏像館（旧本館）、東京国立博物館表慶館、旧日本赤十字中央病院病棟（明治村に移設）など、明治を代表する建物を次々と生み出した人物である。

京都国立博物館に残る建物で片山の手によるものは明治古都館のほか、

奥に見えるのが京都国立博物館の明治古都館、手前が正門。この地は、古くは後白河法皇の御所・法住寺の一部で、鎌倉時代には六波羅探題があったところ。さらに天正〜文禄年間に豊臣秀吉・秀頼親子によって建立された方広寺があった場所でもある。

片山東熊によるエスキス（下書き図面）は、細い鉛筆で精細に描かれている。こうした図面は700枚以上も残り、これらも重要文化財の一部。

正門とその袖塀がある。いずれも昭和44（1969）年に「旧帝国京都博物館」として国の重要文化財に指定された。

正門

煉瓦造りの正門は、いまは団体専用入口（一般は退館時のみ通行可）となっている。シンメトリーに設計された正門の両側にあるドーム形屋根の建物はチケット売り場と警備所として使われていた。門に連なる袖塀にも石積みを土台に煉瓦が積まれている。

正門の奥に池のある庭園が広がり、そのさらに奥に明治古都館が建っている。琵琶湖疏水（P114）を引いていた噴水のある池は、規模や位置が若干変わってはいるが、開館当時からあるものだ。

ちなみに、池の後方にあるロダンの「考える人」の像は、世界に21体あるといわれる像のうちの1体。昭和31（1956）年に寄託されたものである。

（上）正門。基壇部は花崗岩、その上に赤煉瓦をイギリス積みで積んでいる。門柱とドーム形の屋根を載せたチケット売り場（札売り場）をシンメトリーに設置している。

（下）世界に21体あるロダンの「考える人」像。日本には4体あり、そのうちの一つがこれ。昭和2年、横浜の銀行家が購入し、紆余曲折を経た後、京都国立博物館に寄託された。

明治古都館（旧本館）

明治古都館は、フレンチ・ルネサンス様式を取り入れた壮麗な煉瓦造りの建物。設計当初の段階では3階建ての予定であったが、明治24（1891）年に発生した濃尾地震で煉瓦造り2階建ての建物が多く倒壊したことを踏まえ、平屋建てに変更されたという。

赤煉瓦の壁面に白い沢田石（*）を使ったドリス式の柱が並び、優美な曲線を描くマンサード屋根を載せた宮廷風の建物となっている。しかし和の趣も採り入れられている。たとえば正面入口、「京都帝国博物館」と彫られた壁の上にある三角形の破風。ここには伎芸天《ぎげいてん》と毘首羯磨《びしゅかつま》という仏教世界における美術工芸の神様が彫刻されている。

内部も意匠が凝らされている。中央ホールは天井まで白の漆喰仕上げが施され、ギリシャ神殿を思わせる列柱が巡らされている。これは明治天皇の行幸時、臨時の玉座として使うことを計画していたためという。

明治古都館は、いまも昔も京都国

*：凝灰岩系の伊豆石の別名。

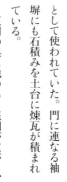

明治古都館正面。煉瓦造り桟瓦葺き平屋建てで、左右対称のデザイン。建築面積は3015㎡。

立博物館の顔であるが、建築当時は古都・京都にそぐわないのではという反対の声もあったという。とはいえ、明治32（1899）年に発行された『京都名所案内』に「宏壮堅固の構造なり」と書かれるほど、話題を呼んだという。

京都東山のなだらかな山並みをバックに建つ京都国立博物館。新館内で企画展を堪能した後は、ぜひとも敷地内を散策し、明治古都館もじっくりと見ていただきたい。積まれた赤煉瓦一枚、一枚に120年前の時代の息吹を感じとることができるはずだ。

明治古都館の壁は赤煉瓦と沢田石仕上げ。柱も沢田石。

正面入口（左）の破風（右）。左側の毘首羯磨は帝釈天の侍臣で細工物や建築を司る神。右側の伎芸天は大自在天（シヴァ神）の髪の生え際から生まれたという天女で諸芸の成就、福徳円満を司る。

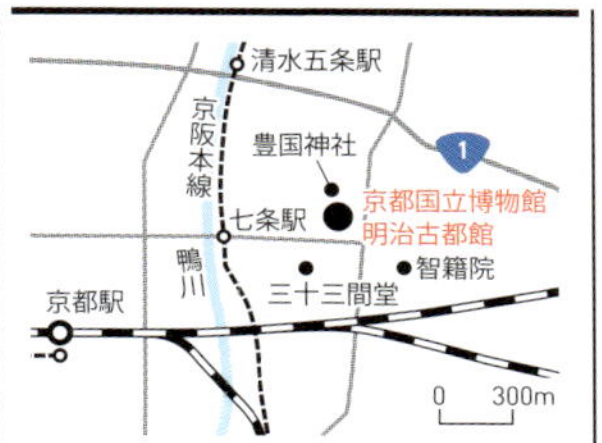

●所在地：京都市東山区茶屋町527
●電話：075−525−2473
●アクセス：京阪電車「七条駅」より徒歩７分

今出川キャンパスに残る赤煉瓦建築物「群」

南東側から見た彰栄館。塔屋は鐘楼と時計塔を兼ねている。明治から平成22（2010）年まで毎朝の礼拝を告げる鐘を鳴らすのは、司鐘生と呼ばれる同志社中学校の生徒が担当していた。外観のみ見学可。

重文

京都府
京都市

同志社大学《どうししゃだいがく》 彰栄館《しょうえいかん》ほか

京都御所と相国寺《しょうこくじ》の間に位置する同志社大学は、明治8（1875）年に新島襄《にいじまじょう》が設立した同志社英学校が前身で、大学が設置されたのは大正9（1920）年のことである。

今出川キャンパスは、「赤煉瓦建築物の展示場」と評されるように、明治中期から大正、昭和初期にかけて建てられた7棟もの赤煉瓦建築物が並んでいる。

彰栄館

烏丸通《からすまどおり》側に面した西門から見て左側に建っている彰栄館は、昭和54（1979）年に重要文化財に指定された。竣工は明治17（1884）年で、今出川キャンパスのなかだけでなく京都市内に現存する2番目に古い煉瓦建築物である。

設計は明治3（1870）年に来日し、神学や旧約聖書などの講義をしていたアメリカ人宣教師、ダニエル・クロスビー・グリーンが行っている。

彰栄館の正面玄関。白い石が赤煉瓦壁に映える。

建物は、アメリカン・ゴシック調の瓦葺き煉瓦造り2階建て。中央正面は時計塔を兼ねた塔屋になっている。外壁の煉瓦は2～4段の長手積みと1段の小口積みを組み合わせたアメリカ積み。開口部のアーチは、正面塔屋部分以外は矩形に近くなっている。

内部は真壁式《しんかべしき》（*1）で和小屋組み、日本建築の伝統的工法を用いるなど、日本人大工の技が発揮されている。現

*1：日本の建築に用いられてきた壁の造りで、柱や梁などの建物の軸組みが表面に見える壁。

在は、事務棟として利用されている。

同志社礼拝堂

同志社礼拝堂は、明治19（1886）年の建設。プロテスタントの煉瓦造りチャペルとしては日本に現存する最古の建物である。彰栄館同様、ダニエル・クロスビー・グリーンの設計によるアメリカン・ゴシック様式の煉瓦造りで、中2階と地下室を設けている。外壁の煉瓦も同じくアメリカ積みになっている。

急勾配の切妻屋根は、鉄板葺き。外壁は建物側面に並ぶバットレス（*2）で補強されている。尖頭アーチによる開口部は白い石材で縁取られ、外観のアクセントになっている。

内部は空間を広くとるためにハンマービームとシザートラスによる小屋組みを採用。色ガラスやシャンデリアが、厳かな佇まいのなかでひと際、美しさを放っている。

同志社大学の煉瓦建築物のなかでも象徴的な存在のこの建物は、昭和38（1963）年に国の重要文化財に指定された。

現在も礼拝堂として使用されており、週末には同志社の卒業生、教職員とその家族は結婚式を挙げることができる。

有終館《ゆうしゅうかん》

真上から見れば十字架の形をしている有終館は、明治20（1887）年、図書館として建てられたもの。竣工当時は日本最大の学校図書館だったが、大正9（1920）年にその役割を終えた。その際にこの建物は有終館と名付けられた。

この建物も、設計はダニエル・クロスビー・グリーンが行った。長手積みした煉瓦造りで屋根は桟瓦葺き、地上2階地下1階建てである。施工したのは同志社礼拝堂を担当した三上吉兵衛で、和洋の合作になっている。

礼拝堂正面にはバラ窓とアーチ窓を設け、玄関は前に突き出している。手前には新島襄や妻の八重も詠んだともいわれる梅の木が並ぶ。外観のみ見学可（一般公開日については要問い合わせ）。

礼拝堂は正面から見ると左右対称になっている。

荘厳な空間のなかで、色ガラスなど温かみのある装飾に魅せられる。

有終館は、昭和3（1928）年の火災で焼け残った躯体を鉄筋コンクリートで補強した外壁保存の好例。外壁の煉瓦が所どころ黒ずんでいるのは、一説によると火災時の煤のためとも。外観のみ見学可。

*2：控壁。建物本体を構成する主壁に対して直角方向に突き出した補助的な壁のこと。

昭和3（1928）年に出火したものの、焼け残った煉瓦壁の内側に厚さ15㎝の鉄筋コンクリート造りの壁を設けて補強のうえ、修理保存している。

昭和54（1979）年に国の重要文化財に指定された。現在は事務棟として利用されている。

ハリス理化学館

同志社大学理工学部のルーツとなったハリス理化学校は、明治23（1890）年にアメリカの実業家、J・N・ハリスの援助によって建てられたものである。設計はイギリス人建築家アレクサンダー・ネルソン・ハンセル。左右対称の建物は、イギリス積みを採用した煉瓦造り2階建て。建設当時は中央に八角形の天文台があったが、完成翌年に起きた濃尾地震後に崩落が危惧されたため撤去され、現在の姿になった。外観は赤煉瓦の壁に白い花崗岩のラインが入っている。正面にペディメントが三つもあるのは、クイーン・アン様式の意匠を踏襲したものである。

平成25（2013）年には、同志社の歴史などを紹介するハリス理化学館同志社ギャラリーとして生まれ変わり、自由に見学できる。

（上）ハリス理化学館の正面出入口上には“SCIENCE”の文字が石に刻まれており、長く同志社の理化学教育の拠点であったことを今に伝えている。見学可（開館時間、閉館日は要問い合わせ）。
（下）ハリス理化学館の外観。正面3カ所に切妻破風が設けられている。

クラーク記念館

昭和54（1979）年に重要文化財に指定されたクラーク記念館は、同志社大学のランドマーク的な建物。早逝した息子のためにとクラーク夫妻の寄付によって、明治27（1894）年に建設された。当初はクラーク神学館として神学教育や研究に利用されていたが、昭和38（1963）年、現在の神学館の完成にともないクラーク記念館と改名。

設計は、ドイツ人のリヒャルト・ゼール。施工は大工の小嶋佐兵衛が担当した。ドイツのネオ・ゴシックを基調とした煉瓦造り2階建ての建物で、南西角には塔屋を設けている。

イギリス積みを採用した建物は、出隅部分や窓枠に配した白い花崗岩が外観のアクセントになっている。2階には講堂兼礼拝堂や現在も講義が行われている教室が設けられている。なお1階のホール壁面に飾られ

正面入口ホールの階段下の欄間に記された“Byron Stone-Clarke Memorial Hall”の文字。

クラーク記念館2階の講堂兼礼拝堂。天井が高く柱もないので広い空間が確保されている。

クラーク記念館は尖頭飾りのついた塔屋、ドーマー窓などドイツ建築の重厚な雰囲気が漂う。また二連・三連の窓にはロマネスク風の柱が設けられている。外観のみ見学可（一般公開日については要問い合わせ）。

たタブレットには、"The Study of the Word of God was dear to him."（神の言葉を学ぶことは彼が愛してやまないことであった）と夫妻の息子バイロン・ストーン・クラークを記念した言葉が刻まれている。

啓明館

有終館に代わる二代目図書館として建てられたのが啓明館である。大正4（1915）年に西館（書庫棟）が、次いで大正9（1920）年に本館が建てられた。設計は、数多くの建築物を手掛けたアメリカ生まれの建築家ウィリアム・メレル・ヴォーリズ。

本館は、煉瓦造り5階建てで、スレート葺きの切妻屋根となっている。建物南西隅の塔が入口になっていて、アーチ形の重厚な庇が印象的。玄関灯は同志社の紋章をモチーフにしたものだ。

西館は、煉瓦造り4階建てで本館同様、スレート葺きの切妻屋根となっている。本館とは、煉瓦造り2階建ての渡り廊下によってつながっている。

平成19（2007）年には、国の登録有形文化財に登録された。現在は、事務棟としての役割を担っている。

（上）啓明館本館の入口。アーチ状のオーナメントが施され、洗練された印象。

（下）啓明館は5階建ての本館と4階建ての西館が渡り廊下でつながっている。西館の建設費は卒業生、本館の建設費は校友の山本唯三郎などによる寄付金で賄われた。外観のみ見学可。

アーモスト館

ニューイングランド・ジョージアンスタイルと呼ばれる様式をもつアーモスト館は、昭和7（1932）年、学生寮として建設されたものである。

この建物は、新島襄の母校アメリカ・アーモスト大学との友好関係から生まれた。それは大正10（1921）年にアーモスト大学が創立100年を迎え、同志社に学生を派遣するプログラムをはじめたことに端を発する。アーモスト館はプログラムの初代学生代表S・B・ニコルズの親族らによる寄付金でつくられた学生寮なのだ。

建物は鉄筋コンクリート造り地上2階建て。外壁は赤煉瓦貼りで隅部のみ竜山石《たつやまいし》（*3）を算木《さんぎ》積み（*4）状に貼って仕上げとした。

マンサード屋根（*5）には煙突やドーマー窓を左右対称に配している。2階部分に白い手摺のあるベランダがあり、手前の芝生と相まって非常に穏やかな雰囲気を醸し出している。また南面には、サンルームを設けている。

なお平成17（2005）年には、国の登録有形文化財に登録された。現在は、海外からの研究員の長期滞在施設として使用されている。

啓明館の隣に建つアーモスト館。大学の施設とは思えないような、おしゃれなレンガ張りの洋館という言葉がぴったりの建物。外観のみ見学可。

西側から見た外観。正面玄関を中心に左右対称の意匠。赤煉瓦の壁に対し隅部に貼られた石と窓枠の白が際立つ。

東側から見た外観。屋根上に並ぶドーマー窓は中央部のものが左右に比べて大きい。左手に見えるのはサンルーム。

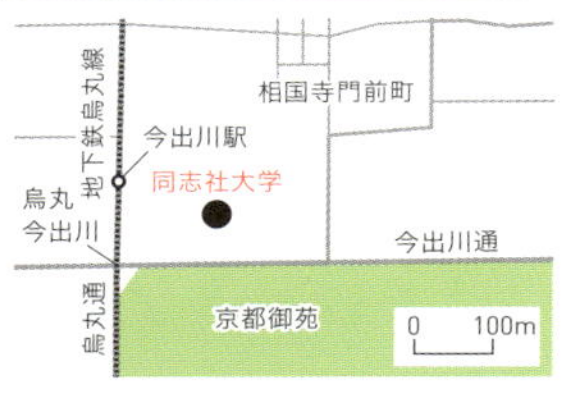

●所在地：京都市上京区今出川通烏丸東入
●電話：075-251-3120（広報課）
●アクセス：市営地下鉄烏丸線「今出川駅」より徒歩約１分

*3：兵庫県高砂市伊保町竜山に産する石材で、色が黄、青、赤の3種類ある。
*4：長辺と短辺が交互になるよう石垣の隅部を積み上げていく方法で、石垣構築の技術が進歩した近世の城郭に多く見られる。
*5：腰折屋根。棟際は緩い勾配、軒側のきつい勾配で屋根面が2段となっているもの。屋根裏部屋の天井を高くし、広い空間を確保できる利点がある。

●写真提供：同志社大学

建築家武田五一の作品では現存する最古の煉瓦造り、瓦葺きの校舎建築。正面中央の玄関には、歯飾りをあしらった櫛形ペディメントを構えている。

和と洋が混在するも洗練されたスタイル

京都府 京都市

同《どう》志《し》社《しゃ》女《じょ》子《し》大《だい》学《がく》 ジェームズ館《かん》

同志社大学今出川キャンパスの東側に建つ同志社女子大学は、明治9（1876）年に、12人の生徒からはじまった女子塾を起源とする。この開校により京都初のキリスト教主義の女子教育がスタートした。

関西建築界の父 武田五一の作品

ジェームズ館は現在も使われている校舎で、大正3（1914）年に完成した同校で最古の建物。アメリカの富豪・ジェームズ夫人による巨額の寄付によって建てられた。

武田五一の設計による煉瓦造りの建物は、地上2階地下1階建て。外観はイギリス積みの赤煉瓦壁に花崗岩の白い水平ラインが入るシンプルなものである。洋風を基調としながらも、和瓦を葺いた屋根とするなど「和」と「洋」とを混在させつつ、統合を図っている（*）。建物の両端にある南向きの教室には、1m幅のベランダが設けられている。

なお使用した赤煉瓦には、「岸×泉」や「標×商」という刻印が見られ、平成初期まで煉瓦を生産していた岸和田煉瓦製と思われる。

内部、南東側の木製階段は段板や手摺など丁寧に造られており、この時代ならではの技とでもいうか、作り手のこだわりが偲ばれる。また2階の廊下はアーチ状になっていて、南北の外壁間を一体の煉瓦壁でつなぎ剛性を高めているという。

平成12（2000）年に、国の登録有形文化財に登録された。現在の姿は、平成13（2001）年に保存的改修工事が完了したものである。

1階の東階段は木造。手の込んだ丁寧な造りが往時の雰囲気をいまに伝えている。

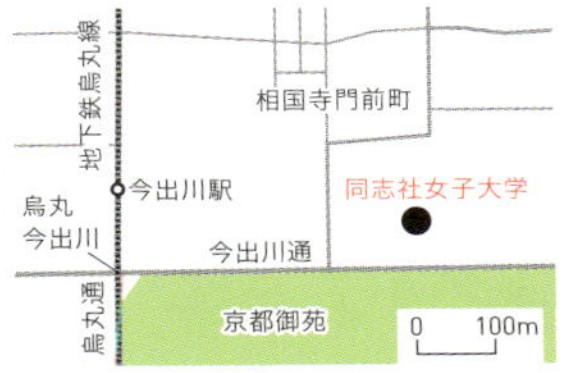

- ●所在地：京都市上京区今出川通寺町西入
- ●電話：075-251-4111
- ●アクセス：市営地下鉄烏丸線「今出川駅」より徒歩約５分

*：アメリカ・カリフォルニアの古民家を参考にしたと伝えられている。

●写真提供：同志社女子大学

京都府
京都市

聖《せい》母《ぼ》女《じょ》学《がく》院《いん》本《ほん》館《かん》

（旧陸軍第十六師団司令部庁舎）

均整のとれた美しさとルネサンス風の意匠が印象的

正面外観。中央にあるアーチ形出入口は放射状に配した白い御影石が特徴的。上部の三角破風には学院の紋章が見えるが、師団司令部であった頃は菊の御紋がはめ込まれていた。設計者は不明。

陸軍第十六師団は日露戦争末期の明治38（1905）年、軍備拡張にともない増設された師団である。師団司令部が置かれ、軍都として発展したのが深草村（現在の京都市伏見区深草）だ。

明治41（1908）年、深草の地に工期8カ月という短期間で完成した司令部庁舎は終戦後の昭和24（1949）年、京都で最初のカトリック学校・聖母女学院に払い下げられた。当初は校舎として、現在は事務所として使われている。

古都に残る戦争遺跡

幅60m、奥行15mもあるルネサンス風の建物は、イギリス積みを採用した煉瓦造り2階建て銅板葺き。均整のとれた美しさがとても印象的だ。

正面中央にイオニア式柱、両翼にトスカナ式の意匠、屋根にはドーマー窓を並べるなど、古代ギリシアと古代ローマの建築様式を融合させた古典様式の意匠でまとめられている。

また内部は、部屋ごとに装飾の異なる暖炉や意匠的な階段、ルネサンス風の窓枠など、凝った趣向が随所に見られる。平成28（2016）年、登録有形文化財となったこの美しい建物も、戦時中は空襲を避けるため真っ黒に塗装されていたという。

（上）正面中央の柱は渦巻き装飾の柱頭が特徴のイオニア式。
（下）屋根に小さな空間を設けて取り付けられたドーマー窓。

（上）ルネサンス風の半円形の窓。
（下）階段親柱の細工。

踊り場から上階へ向かって二手に分かれる豪華な階段。

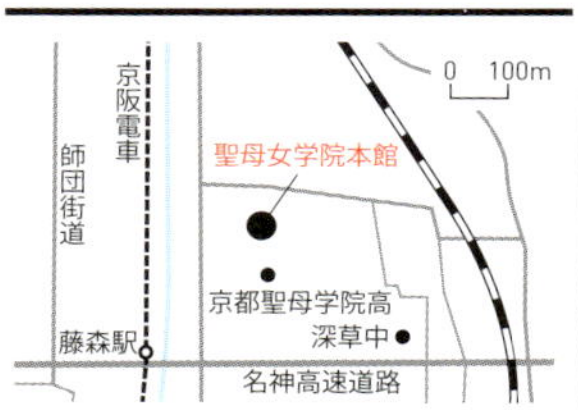

●所在地：京都市伏見区深草田谷町1
●電話：075-641-0507
●アクセス：京阪電車「藤森駅」より徒歩約3分

●写真提供：学校法人聖母女学院

7本の白いボーダーを配した1階とすっきりとした2階部分とのバランスが現代建築にはないデザインで印象的な外観。

重文

京都府
京都市

京《きょう》都《と》府《ふ》京《きょう》都《と》文《ぶん》化《か》博《はく》物《ぶつ》館《かん》別《べっ》館《かん》

（旧日本銀行京都支店）

赤と白とが効いた格調高い優美な意匠

京都市営地下鉄烏丸《からすま》御池《おいけ》駅から3分ほど歩くと目に入る赤煉瓦の建物は旧日本銀行京都支店だった建物である。竣工は明治39（1906）年で、設計は日本銀行本店も担当した辰野金吾と弟子にあたる長野宇平治《うへいじ》。

建物は煉瓦造り2階建て（一部、地下1階）、スレート葺き。左右対称で両翼には尖塔形の塔屋がある。赤煉瓦に白い花崗岩を帯状に配したいわゆる辰野式建築だ。煉瓦は大阪窯業製、花崗岩は京都・小金岐《こかなげ》産と岡山・北木島《きたぎしま》産、屋根のスレートは宮城・登米《とめ》産と、国内各地の材料が使われた。

細やかな装飾が魅せる

昭和40（1965）年まで日本銀行京都支店として使用された後、昭和63（1988）年、総事業費約82億円をかけ京都文化博物館別館としてオープン。主にホールとしてイベントに使われている。

2層吹き抜けの旧営業室と客溜まりは精緻な加工が施され、高窓上部や旧窓口部分の装飾などは必見。荘厳かつ威厳に溢れた内部空間が往時を偲ばせる。

なお、辰野金吾は、大阪、小樽でも日本銀行支店を設計したが、辰野式として建物が現存するのは、ここ京都支店だけである。

昭和44（1969）年には、重要文化財に指定された。

（上）正面出入口上部。
（下）吹き抜けになっている旧営業室と客溜まり。

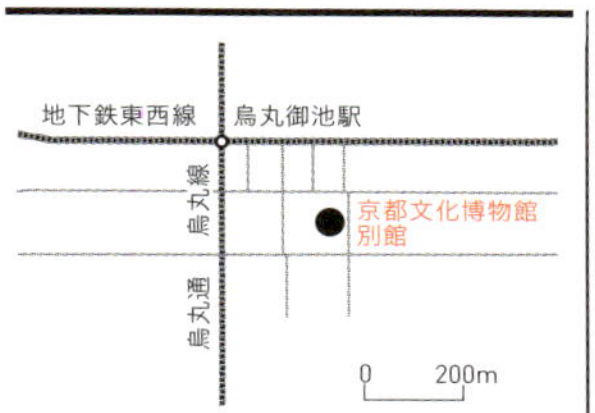

●所在地：京都市中京区三条高倉
●電話：075-222-0888
●アクセス：市営地下鉄烏丸線・東西線「烏丸御池駅」より徒歩約3分

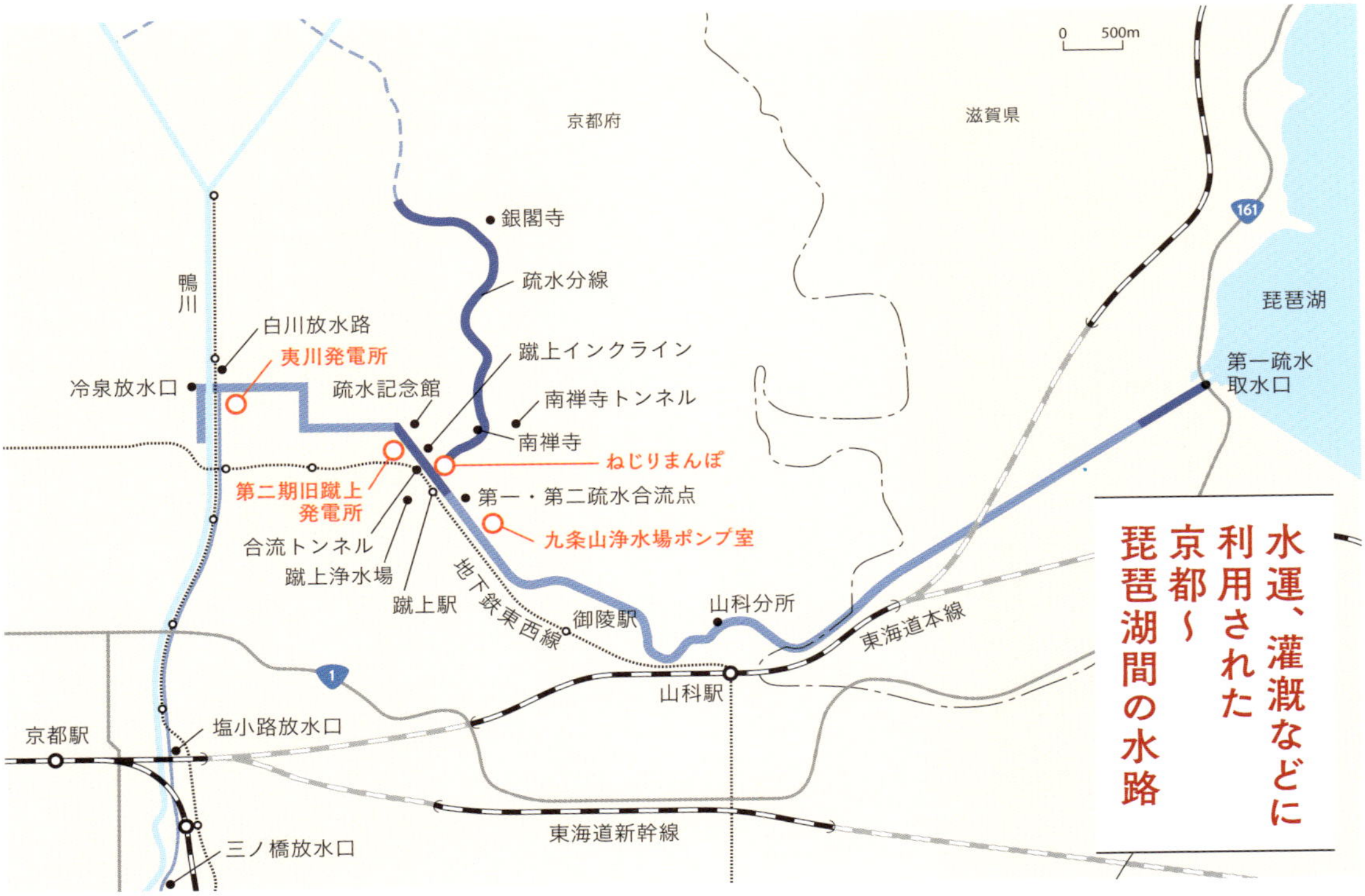

水運、灌漑などに利用された京都～琵琶湖間の水路

琵琶湖から京都まで、全長20kmにおよぶ琵琶湖疏水（第一疎水）の経路。

京都府
京都市

琵琶湖疏水《びわこそすい》

琵琶湖疏水は、琵琶湖と京都をつなぐ水路。琵琶湖の第一疏水取水口から取り入れられた水は、山科《やましな》と経由し蹴上《けあげ》の手前あたりで主線と分線に分かれる。主線は二カ所の発電所を経て鴨川へ。一方、分線は銀閣寺（慈照寺）の脇を北上し、鴨川へとつながる。

疏水プロジェクトで活力を

明治維新や東京奠都《てんと》により衰退の危機にあった京都。第三代京都府知事に就いた北垣国道は、京都に活力を呼び戻すために琵琶湖疏水建設を決める。

当時の京都と滋賀・大津間の輸送は人馬に頼っていて、大規模な輸送は難しかった。琵琶湖から京都市内まで約20km、山々を貫いて水路で結べば、舟運の向上だけでなく、水道や灌漑用、動力源として水を確保することもできた。

明治18（1885）年に第一疏水工事がスタート、明治23（1890）年に竣工。大津から鴨川合流点までの主線水路と、蹴上から分岐する分線水路が完成した。翌年には水力による発電事業もはじまった。これは、土木設計を担当した田邉朔郎《たなべさくろう》が視察先のアメリカで世界初の水力発電を見て、動力の供給方法を水車から水力発電へと変更したことによる。

当時、京都府の年間予算の約2倍という巨額の資金と約5年の歳月、そして最新技術を投入して造られた琵琶湖疏水（*1）。ここではいまも京都に琵琶湖の水を供給し続ける疎水に沿って建つ煉瓦造りの建造物を紹介する。

第二期旧蹴上発電所

蹴上発電所の建設は、第一疏水工事とともに進められ、明治24（1891）年に日本初の事業用水力発電がスタート。明治45（1912）

*1：琵琶湖疏水工事に使われた煉瓦の数は約1070万個にのぼり、そのために京都府は山科に煉瓦工場を新設。明治22（1889）年まで稼働させた。

第二期蹴上発電所。昭和11（1936）年まで稼働していた。当時は発電機を5台置き、5MW《メガワット》を出力。

●所在地：京都市左京区粟田口鳥居町2
●電話：075-205-5352（見学受付窓口）
●アクセス：市営地下鉄「蹴上駅」より徒歩約5分

年には第二期蹴上発電所が完成。骨格は鉄筋コンクリート、煉瓦造りの建屋は高さ16・6m、建築面積は付属水圧鉄管室を含めて1059㎡にもなる。なお同年、第一期の発電所（明治24年の建築）は取り壊された。昭和36（1961）年には、その地に第三期の発電所が建てられ、現在も約5000世帯分の電気を供給しているという。

夷川《えびすがわ》発電所

京都の電力の需要は年々増加し、明治45（1912）年には第二琵琶湖疏水（*2）が完成。大正3（1914）年に夷川発電所と旧伏見発電所（現・墨染発電所）を新設し、電力供給を大きく増やした。煉瓦造り平屋建て。現在も京都市内に送電している。

夷川発電所。水車は英国ボービング社製の4連フランシス水車、発電機は米国ウェスチングハウス社製のものを使用していたが、平成4〜5（1992〜1993）年に国産のものに取り替えた。

●所在地：京都市左京区聖護院蓮華蔵町
●アクセス：市営地下鉄「蹴上駅」より徒歩約10分

九条山浄水場ポンプ室

京都御所に防火用水を送る目的で造られた施設で、紫宸殿《ししんでん》（*3）より高くするためにこの地が選ばれたという。疏水の水をここでくみ上げて背後の山に設けた池に水をたくわえた。

煉瓦造りのポーチや円柱付きのバルコニーを配したルネサンス様式の建物で、設計は東京の迎賓館、京都国立博物館（明治古都館）なども手がけた片山東熊《とうくま》。

九条山浄水場ポンプ室。約30m高い大日山の貯水槽に揚水、41mの落差をとり、京都御所までの約4kmの距離を600㎜の鉄管でつないだ。

●所在地：京都市山科区日ノ岡朝田町
●アクセス：市営地下鉄「蹴上駅」より徒歩約4分

ねじりまんぽ

琵琶湖疏水のなかで、水路に落差がある部分にはインクライン（傾斜鉄道）が造られた。これは傾斜面にレールを敷いて、動力で台車を動かして船や貨物を運ぶものだ。この蹴上インクラインの下を通る歩行者用トンネルが「ねじりまんぽ」。上からの大きな負荷に耐えられるように、煉瓦を螺旋《らせん》状に積んでいる。

蹴上ねじりまんぽ。トンネル上部は煉瓦を螺旋状に組み、下部はイギリス積みにしている。

●所在地：京都市東山区東小物座町
●アクセス：市営地下鉄「蹴上駅」より徒歩5分

*2：第二疏水は全長7.4㎞。第一疏水の北側を並行し、全線にわたりトンネル化されている。
*3：京都御所の正殿。最も格式が高く、即位の礼などが行われる。

木々の緑と苔むした重厚な煉瓦造りの水路橋が幾重にも重なる風景は、訪れる人の心をつかんで離さない。水路閣はイギリス積みの煉瓦造り。

郷愁誘う、明治の水路橋

京都府
京都市

南禅寺水路閣《なんぜんじすいろかく》

南禅寺は臨済宗の大本山で、創建は正応4（1291）年。京都五山の一つに数えられている格式の高い禅寺である。その境内にある煉瓦造りの水路橋が南禅寺水路閣である。

琵琶湖疏水分線の水路橋

水路閣は京都市内に琵琶湖の水を引く琵琶湖疏水（＊）の分線に位置するもの。全長93・17m、幅4・06m（水路幅は2・42m）、高さ9～13mと壮大な水路橋である。本体は花崗岩と赤煉瓦で造られており、2基の橋台をもつ13本のアーチ形の橋脚で構成されている。明治23（1890）年に竣工した異国風の構造物は、いまや寺の風景となった。

（上）水路閣の橋脚部。一説では、ローマの水道橋をモデルに造られたともいわれている。連続するアーチが美しい。
（下）水路閣の上部。幅4mほどの橋の上に水路が設けられていて、現在も使用されている。

●所在地：京都市左京区南禅寺福地町
●電話：075-771-0365
●アクセス：市営地下鉄「蹴上駅」より約10分

＊：史跡。琵琶湖の水を京都市へ流すため、明治時代に造られた水路。

京都府
舞鶴市

神崎《かんざき》煉瓦《れんが》ホフマン式《しき》輪窯《わがま》

（旧京都竹村丹後製窯所煉瓦窯）

昭和30（1955）年には、全国で約55基のホフマン式輪窯が稼働していたが、現在、その姿が残っているのは、この神崎煉瓦ホフマン輪窯を含め4基。どれもが稼働していない。

この煉瓦窯は、舞鶴軍港建設に必要な煉瓦を製造するために明治30（1897）年に造られたもので、元々は登窯《のぼりがま》だった。残念なことに登窯は煉瓦の大量生産には向いていないという弱点があった。そのため大正末期に効率よく大量に生産できるホフマン式輪窯（*）に改造されたのだ。

ホフマン式輪窯とは、ドイツ人技術者のフリードリッヒ・ホフマンが考案したリング状の窯で輪環窯《わかんがま》ともいう。複数の焼成室が隣接していて火を順次周回させ焼成するため、連続して焼き続けることができるという特徴をもつ。

明治の近代化を支え昭和の近代化で棄てられた

神崎のホフマン式輪窯は煉瓦造りで長径45m、短径9mの楕円形輪窯。内部は高さ1・8m、幅2・8mのアーチ状のトンネルで、10の焼成室からなる。上部には高さ24mの主煙突と焼成室ごとに設けた小型煙突の合計11本の煙突がある。

こうして大量の煉瓦を製造したが、需要が減少したことと原料となる材料が枯渇したことから、昭和33（1958）年、製造が終わりを告げた。

なお、神崎煉瓦ホフマン式輪窯は、平成11（1999）年、登録有形文化財に登録された。

アーチ状になっている焼成室内部。人間が立って歩ける高さがある。

崩れた端の部分から内部が見られる。焼成室が輪になって連なっていることがわかる。

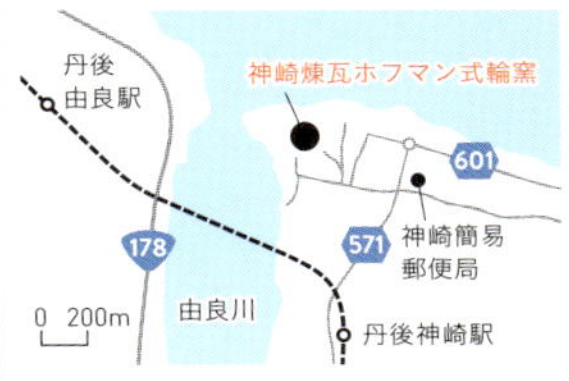

- 所在地：舞鶴市字西神崎918
- 電 話：0773-75-8600（舞鶴観光協会）
- アクセス：北近畿タンゴ鉄道「丹後神崎駅」より徒歩約20分

*：現存するのは神崎煉瓦ホフマン式輪窯のほか、埼玉県深谷市の旧日本煉瓦製造の煉瓦窯（P46）、栃木県野木町の旧下野煉瓦製造の煉瓦窯（P54）、滋賀県近江八幡市の旧中川煉瓦のホフマン窯。

●写真提供：tamura 古都コトきょーと

湾岸に旧日本海軍が残した12の赤煉瓦倉庫が立ち並ぶ

舞鶴赤れんがパーク内の建物はその昔兵器庫だった。左手は3号棟、右手は4号棟、奥に見えるのは5号棟。現在は大空間を生かしたイベントホールなどとして活用。

重文

京都府 舞鶴市

舞鶴赤《まいづるあか》れんがパーク

（舞鶴旧鎮守府《きゅうちんじゅふ》倉庫施設）

舞鶴市は赤煉瓦建築の聖地かと思われるほど、煉瓦造りの建物が数多く残る。それには、舞鶴に旧海軍の鎮守府《ちんじゅふ》（*）が置かれていたことと密接な関係がある。

赤煉瓦建築の大半は元々、兵器の保管倉庫。そこには魚雷や弾丸、小銃など兵器が収められていた。明治後期から大正期に建てられ、基本は煉瓦造り2顔建て。海軍鎮守府の施設を知るうえで重要な建築群だ。

赤れんがパークとして整備

舞鶴港に面した北吸《きたすい》地区には兵器庫だった12棟の赤煉瓦建築が並び立つ。なかでも赤れんがパークは必見だ。一般公開されている5棟（1～5号棟）の建物と、赤れんがロードと名付けられたアプローチに並ぶ3棟の非公開建物が国の重要文化財に指定されている。いずれも線路が引き込まれ、貨車などで物資を搬入していた（昭和47［1972］）年に廃線）。

- ●所在地：舞鶴市字北吸1039-2
- ●電話：0773-66-1096（代表）
- ●アクセス：JR「東舞鶴駅」より徒歩約10分

舞鶴赤れんがパーク。右手から中央にかけて見える4棟の建物が2～5号棟（1号棟は写っていないが、さらに右手にある）。左上奥にある煉瓦建築物は非公開。

*：旧日本海軍の根拠地。舞鶴のほかに、横須賀、呉、佐世保に置かれ、戦後に廃止された。

赤れんが1号棟

赤れんが博物館

（旧舞鶴海軍兵器廠《へいきしょう》魚形水雷庫）

赤れんがパークで一般公開されている建物群のうち、少し外れた場所にあるのが1号棟だ。本格的な鉄骨構造の煉瓦建築としては、現存する最古級のものとされている。

この建物は魚雷倉庫として、明治36（1903）年、臨時海軍建築部の設計によって建てられた。切妻屋根に鉄板を葺いた鉄骨煉瓦造り2階建ての建物は、幅（間口）11・08m、奥行（長さ）37・8m。

アングル材とプレート材による組立柱とチャンネル材の間柱との間にフランス積み煉瓦壁を充填（壁厚は煉瓦1枚分）。1階梁行方向中央に木柱を立て木造床を組み、小屋組みはアングル材により鉄骨ハウトラスが架けられている。鉄骨には"CARNEGIE"の刻印があり、アメリカ・カーネギー社から輸入したもの。煉瓦は大阪府貝塚市で製造された煉瓦を使用している。

平成5（1993）年、赤れんが博物館として生まれ変わったときに、内壁は創建当初の漆喰仕上げに復原、木造の柱や梁、2階の床などはそのまま生かしている。

赤れんが博物館は、世界でもはじめという煉瓦をテーマにした博物館。1階には紀元前2040年頃のメソポタミアの煉瓦をはじめとする世界の煉瓦が、2階展示室には日本の煉瓦が展示されている。また、赤煉瓦を製造するためのホフマン式輪窯《わがま》の模型を展示している。

（上）赤れんが博物館として利用されている1号棟建物。現存する最古級の鉄骨造りの煉瓦建築物。
（下）赤れんが博物館では、煉瓦の大量生産可能にしたホフマン式輪窯の内部を再現している。

赤れんが2号棟

舞鶴市政記念館

（旧舞鶴海軍兵器廠予備艦兵器庫）

2号棟は、兵器庫として1号棟より早い明治35（1902）年に完成した。設計は臨時海軍建築部によるもので、幅（間口）10・5m、奥行（長さ）72m。煉瓦造り2階建てで、桟瓦葺きの切妻屋根をもつ。

大阪府堺市で製造された煉瓦をイギリス積みした壁体は、1階が煉瓦2枚半厚、2階が煉瓦2枚厚と上下階で壁厚が異なる。内部には柱を立てずに大梁と根太により床組をつくり、小屋組みはプラット型の木造キングポストトラス。かつては建物内を南北に引込線が通り抜けていた。

砲銃庫として使われていたが、終戦後は市役所の第二庁舎として使用された。平成6（1994）年、煉瓦本体にステンレスピンを打ち込む構造補強を施すなどしたうえで、舞鶴市政記念館にリニューアル。コンサートなどに利用されている。

（右）舞鶴市政記念館として活用されている2号棟の建物。1階と2階で煉瓦壁の厚みが異なっている。
（左）2号棟では大空間を生かし、絵画や美術品などの展示会や音楽コンサートなどが開催される。写真は約200人収容のホール。

（左）3号棟の建物。
（右）2階展示室には、海軍ゆかりの写真や資料が展示されている。

赤れんが3号棟
まいづる智恵蔵
（旧舞鶴海軍兵器廠弾丸庫並小銃庫）

3号棟は明治35（1902）年、弾丸や小銃弾を保管する倉庫として建てられ、戦後は民間（舞鶴倉庫）の倉庫として使われた。煉瓦造り2階建てで、桟瓦葺きの切妻屋根をもつ。設計者、煉瓦の生産地、煉瓦の積み方などは、同年築の2号棟と同じだ。

平成19（2007）年、まいづる智恵蔵としてオープンする際に、瓦屋根や窓枠、階段などは創建当時の設計図をもとに復原された。建物内まで引き込まれていた鉄道レールなども忠実に再現され、海軍ゆかりの展示とともに海軍兵器庫の様子を知ることができる。

赤れんが4号棟
赤れんが工房
（旧舞鶴海軍兵器廠雑器庫並預兵器庫）

2・3号棟と同様、切妻屋根をもつ煉瓦造り2階建ての建物で、桟瓦葺き。明治35（1902）年に雑器や預兵器を保管する倉庫として造られた。昭和20（1945）年の終戦時まで砲銃庫として、戦後は舞鶴倉庫の倉庫として使用された。

平成24（2012）年、扉、窓、瓦屋根など創建当初の形式を忠実に再現、整備され、創作・音楽活動スペース、催事スペースとして活用されている。

4号棟の建物は3号棟とそっくり。瓦屋根は図面を元に復原。赤れんがパークの建物は、創建当時の図面が今も残っていることも貴重。

赤れんが5号棟
赤れんがイベントホール
（旧舞鶴海軍軍需部第三水雷庫）

5号棟は赤れんがパークのなかでは最も遅い大正7（1918）年に建てられた倉庫（第三水雷庫）で煉瓦造り。明治期に完成した1～4号棟と同様に、切妻造りの2階建てだが、幅（間口）16m、奥行（長さ）77mと規模は最大、造りも堅牢である。

内部は東西に通り抜けられるように軍事引込線が敷設され、さらには物資の移動に使われたのか、天井にクレーンが設置されていた。

昭和20（1945）年の終戦までは砲銃庫として、戦後は舞鶴倉庫の倉庫として使用。平成24（2012）年、倉庫の大きさを生かしたイベントホールとして整備され、利用されている。

（右）5号棟は最も遅く造られたが、最大規模を誇る。
（左）広さを生かした大型多目的ホールは自由なレイアウトが可能。

赤れんがロードに沿って3棟の建物が並ぶ(左手前の倉庫は海上自衛隊所有のもの)。

赤れんがロード

（旧舞鶴海軍軍需部第二水雷庫）
（旧舞鶴海軍軍需部第一水雷庫）
（旧舞鶴海軍軍需部電機庫）

赤れんがパークと専用駐車場を結ぶ道路は赤れんがロードと呼ばれ、元は海軍のつくった物品運搬道路であった。この道沿いに3棟の赤煉瓦倉庫が並ぶ。パーク側から順に旧舞鶴海軍軍需部第二水雷庫、同第一水雷庫、同電機庫である。

3棟の建物は明治35（1902）年に同時に建てられた。同規模・構造で幅（間口）14m、奥行（長さ）39・4m、桟瓦葺きの切妻屋根をもつ煉瓦造り2階建て。イギリス積みを採用した壁体は1階が煉瓦2枚半厚、2階が煉瓦2枚厚と上下で壁厚が異なる。1階は引込線路の両側に木柱を並べ、その上に桁材を載せて床組大梁を受けている。小屋組みはプラット型の木造キングポストトラス。平側南面に2カ所の出入口、東西両妻面に貨車出入口を開けている。

いずれも文部科学省所有の建物で非公開。

(左) 3棟の倉庫は赤れんがロードに面して建つ。
(右) 第二水雷庫1階。階段は線路をまたぐように設置された。

TOPICS

旧海軍が造った水道施設

旧海軍が鎮守府・舞鶴に造ったのは建物だけではない。艦艇補給用水の確保を主な目的として上水道施設も整備した。ここではそのうちの一つ、北吸地区に残る旧北吸浄水場配水池（旧第一配水池・第二配水池）を紹介する。

赤煉瓦配水池とも称される旧北吸配水池は、舞鶴市を流れる与保《よほ》呂《ろ》川《かわ》の水源地から引いた源水を浄化し、100mの高低差を利用して給水を行った。第一配水池は、明治34（1901）年の築造で、規模は縦27.2m、横20.25m、深さは約5.6m。内部は、水が淀むことを防ぐために池の東西壁から煉瓦造りの導水壁を交互に5列設けている。煉瓦造りの上屋は大正15（1926）年に建てられたもので、波トタン葺きの切妻屋根を支えるのは鉄骨トラス組み。外観はロマネスク風のデザインで、中央入口には煉瓦アーチの窓、四周に縦長窓が設けられている。

戦後は舞鶴市に移管。昭和36（1964）年まで使用された。その後、浄水施設は取り払われたが、配水池と上屋だけが残った。平成15（2003）年には、水道技術史上価値が高く、近代水道システム構成を知るうえで重要な施設として、いくつかの堰堤などとともに国の重要文化財に指定された(※)。

※：舞鶴旧鎮守府水道施設として指定

赤煉瓦が美しい第一配水池の上屋建物。奥は第二配水池の上屋建物。

赤煉瓦造りの配水池内部。右手に導水壁が立てられている。イベント時などに見学可能。

 写真提供：舞鶴市役所、一般社団法人舞鶴観光協会

東側正面。左右対称、赤煉瓦と白い花崗岩とを組み合わせた外観が荘厳な印象を与える。中央の小ドームや4本の柱が並ぶ正面中央の造りが重厚さに満ち溢れている。

寄付とコンペで造られた荘厳な赤煉瓦建築物

重文

大阪府
大阪市

大《おお》阪《さか》市《し》中《ちゅう》央《おう》公《こう》会《かい》堂《どう》

開館１００周年を迎える大阪市中央公会堂（以下、公会堂）は、堂島川と土佐堀川とに挟まれた大阪の中心・中之島に建つ。竣工は大正7（１９１８）年。川と緑の木々に囲まれた赤煉瓦建築の外観は壮麗で、いつの時代も大阪市民に愛され、親しまれてきた。実は、この公会堂、語るのにある男の存在を抜きにすることはできない。

異国の地で触発され篤志家に

公会堂は一人の大阪市民による寄付金で建設された。寄付したのは、「義侠の相場師」と呼ばれた岩本栄之助である。

岩本は明治10年（１８７７）年、大阪市南区（現在の中央区）で誕生。小学校卒業後は両替商であった家業を手伝いはじめたのだが、明治30（１８９７）年、日露戦争に出征。除隊後の明治39（１９０６）年、家督を継ぎ、大阪株式取引所の仲買人として正式に登録された。

株式仲買人として頭角をあらわすなか、教育、学問の重要性を知っていた岩本は、取引所で働く少年たちに学校へ行くことを勧めるとともに、私財を投じて塾を作るなどし、「北浜の風雲児」と称されるようになった。

明治42（１９０９）年には、渡米

中之島に建つ大阪市中央公会堂。周囲の建物と比較すれば、必ずしも大規模とはいえないが、存在感は圧巻である。

実業団へ参加。大富豪たちの多くが財産や遺産を慈善事業や公共事業に投じていることに感銘を受け、寄付を思い立ったという。そして父の死後、遺産の50万円と手持ちの財産を加えた１００万円（現代の貨幣価値だと数十億円）を大阪市に寄付、これが公会堂建設の資金になった。

コンペで岡田信一郎案に決定

公会堂は、建設過程において資金の調達方法のみならず、特筆すべき点がある。日本初の、いわゆる設計コンペが行われたのだ。

大正元（１９１２）年に17名の建築家による懸賞競技設計が実施された（実際に提出したのは13名）。一位になったのは岡田信一郎（＊）の案。その原案にもとづいて、辰野金吾、片岡安《やすし》が設計し大正２（１９１３）年着工。５年後に竣工・開館した。

ネオ・ルネサンス様式を基調としながらもバロック的な壮大さをもつ公会堂は、鉄骨煉瓦造りの地上３階地下１階建て。２層吹き抜けの大集会室のほか、中・小集会室、特別室などが配された市民ホールである。使用された煉瓦の総重量は約３万t、イギリス積みによる煉瓦壁は部分によっては厚みが53cmもあったようだ。

外観は優美かつ壮麗で、１階部分は赤煉瓦と白い花崗岩とが重層をなし躍動的ですらある。アーチ構造の正面中央には４本の柱が立ち、左右に小ドームをいただいた階段室。建物側面は、リズミカルに配置された屋根上のドーマー窓や窓枠上部の装飾、比較的白い部分が多い壁面など、正面側とまったく異なった印象である。

建物は、平成14（２００２）年に重要文化財に指定された。

ところで公会堂建設の立役者である、岩本栄之助は、寄付の後、第一次世界大戦による高騰相場で莫大な損害を出してしまう。そして岩本は大正５（１９１６）年、拳銃自殺をはかり、公会堂の完成を見ることなく世を去った。享年39歳の若さだったという。

大きな吹き抜けのある大集会室（1100人収容）。シャンデリアや金箔に覆われた舞台縁など、創建当時の姿を残す。そのほか、高さ9mの天井でヨーロピアンスタイルをもつ中集会室（500人収容）などがある。

建物南側側面の外壁上部。テンポよく並ぶドーマー窓、窓上部や軒下の装飾など建物正面とまったく異なる意匠。

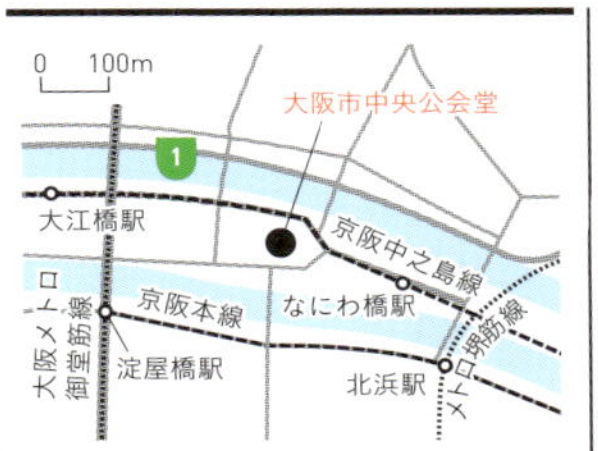

●所在地：大阪市北区中之島1-1-27
●電話：06-6208-2002
●アクセス：大阪メトロ御堂筋線「淀屋橋駅」より徒歩約５分

＊：岡田信一郎は、明治生命館（東京）などの設計で知られる建築家。

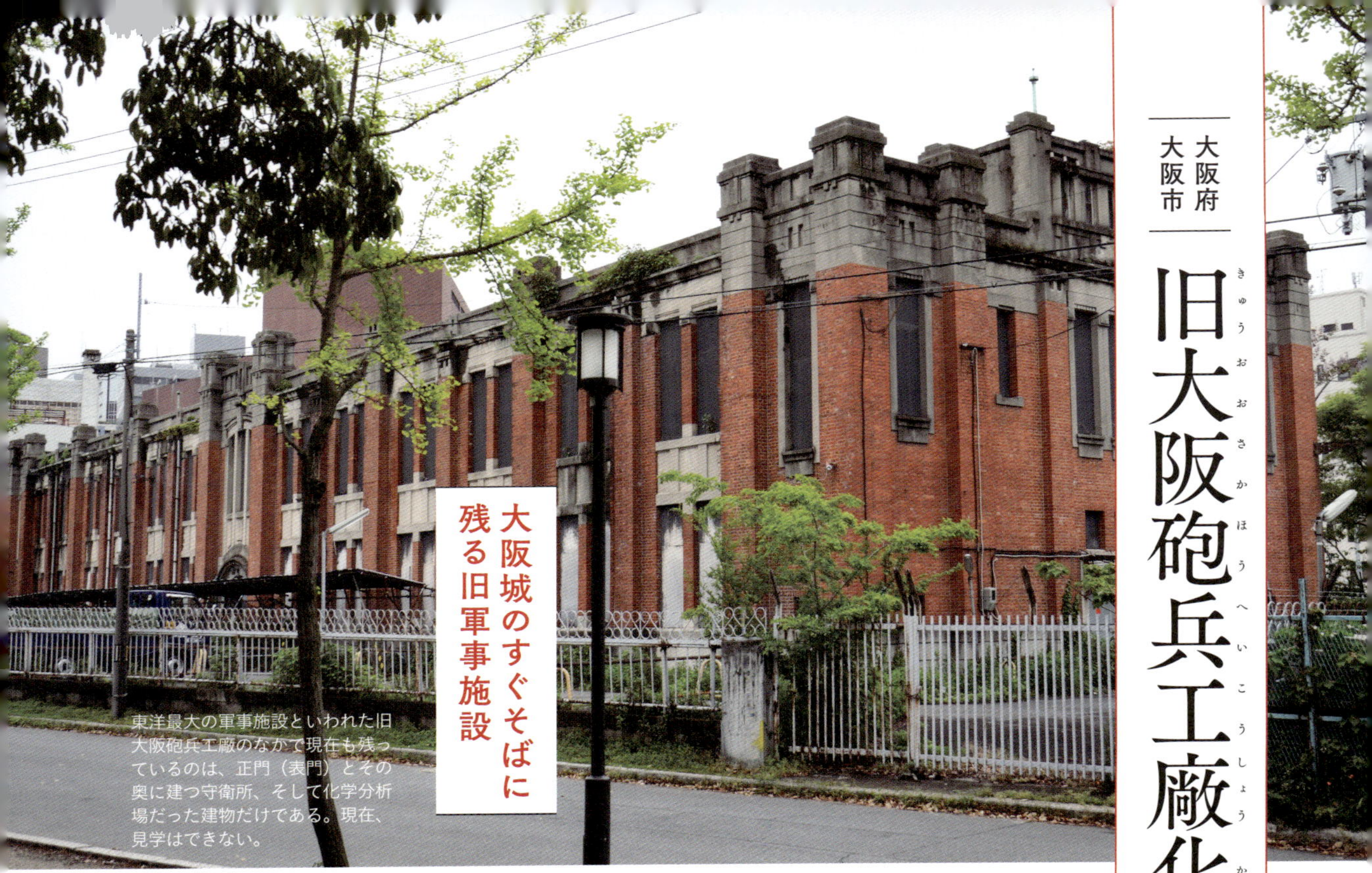

東洋最大の軍事施設といわれた旧大阪砲兵工廠のなかで現在も残っているのは、正門（表門）とその奥に建つ守衛所、そして化学分析場だった建物だけである。現在、見学はできない。

大阪府
大阪市

旧《きゅう》大《おお》阪《さか》砲《ほう》兵《へい》工《こう》廠《しょう》化《か》学《がく》分《ぶん》析《せき》場《じょう》

大阪城のすぐそばに残る旧軍事施設

大阪城公園やその周辺には、終戦まで旧陸軍第四師団司令部庁舎をはじめとする軍事施設があった。なかでも明治3（1870）年に開設された大阪砲兵工廠は東洋一の規模を誇った軍需工場（*）。陸軍唯一の大口径火砲の製造拠点であり、戦車や弾薬類などを作っていた。空襲によって多くは破壊されたが、現在も残るのが化学分析場だった建物である。

軍需品、兵器だけではなく橋梁など民需にも応えた

新兵器の開発や研究、弾薬や化学実験などが行われた化学分析場は、大正8（1919）年の建築。イギリス積みによる煉瓦造り地上2階地下1階の建物で、延べ床面積は約1887㎡。ネオ・ルネサンス様式で左右対称の堂々とした姿である。設計は、関西で活躍した建築家・置《お》塩章《しおあきら》（当時、砲兵工廠建築部所属）。ここでは軍需品、兵器の開発が第一義的な目的だったが、得られた技術の成果は民生品にも転用された。

終戦後は大阪大学工学部校舎として、次に自衛隊大阪地方連絡部として使用されていたが、現在は空いたままで放置され、荒廃した姿を晒している。そのため近寄ることは難しいが、城を取り囲む堀側から建物を見ることができる。

（右）緑に覆われた大阪城の天守閣に臨む化学分析場。
（左）旧大阪砲兵工廠の正門（表門）前に立つ、明治20（1887）年の明治天皇行幸を記念した碑。

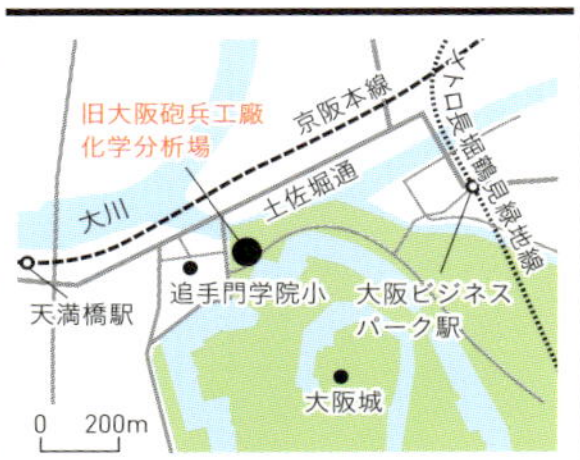

●所在地：大阪市中央区大阪城3-30
●アクセス：京阪電車・大阪メトロ谷町線「天満橋駅」より徒歩約10分

*：昭和20（1945）年には、約130万㎡の敷地に約200の工場が並び、6万人以上（一説では6万8000人）が働いていた。陸軍の大型兵器を製造したこともあり度々、空襲にあい、終戦前日の大空襲で施設の8割を失った。

凱旋門風の入口上部には、かすかに浄水池と読み取れる石のプレートが埋め込まれている。

煉瓦の歴史が宿る街に残る

赤煉瓦の上水道施設

大阪府
堺市

旧《きゅう》天《てん》王《おう》貯《ちょ》水《すい》池《ち》

堺は日本初の煉瓦工場が設立された地であり、岸和田とともに明治から大正にかけて紡績工場の建設に使う煉瓦の製造拠点であった。いまでも市内を巡ると、煉瓦を使用した塀や門扉などが目につく。

堺市上水道の歴史の一端が宿る施設

堺市に残る旧天王貯水池は、明治43（1910）年に建設された煉瓦とコンクリート造りの上水道配水池である。上水道施設の建設は当時、大阪府下では大阪市につぐもので、市民の大きな期待が寄せられていた。

オランダ積みを採用した煉瓦造りの入口は、凱旋門のようなデザイン。水道施設の先進国であるヨーロッパの古典様式を参考にしたとされる。内部は煉瓦造り、左右3・6mの半円筒のヴォールト架構となっていて、点検用の通路を挟んで両側に貯水槽が設けられている。貯水槽の周囲は、直射日光を遮るように土を盛り上げている。これは雑菌の繁殖を防ぎ水質を保全するためだ。

堺市における上水道の歴史を刻んだ旧天王貯水池は、昭和37（1962）年まで使用され、50年間の歴史を閉じた。なお、平成13（2001）年、国の登録有形文化財に登録された。

内部は天井が半円筒状になっていて、煉瓦造りであることがわかる。

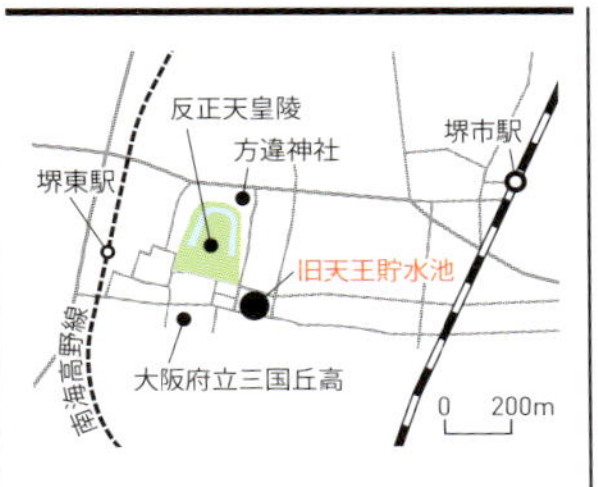

●所在地：堺市堺区三国ケ丘3-78
●アクセス：南海電鉄高野線「堺東駅」より徒歩約10分

●写真提供：堺市役所

兵庫県
神戸市

神《こう》戸《べ》文《ぶん》学《がく》館《かん》

（旧関西《かんせい》学院ブランチ・メモリアル・チャペル）

神戸市灘区の王子公園に建つ赤煉瓦建築物は、神戸を描いた作品や資料を展示する神戸文学館。明治37（1904）年、イギリス人建築家M・ヴィグノールによって設計された、関西学院の旧チャペルである。建物と設備には、当時のお金で1万2800円を要したという（*1）。関西学院は昭和4（1929）年、現在の西宮市上ヶ原に移転したが、チャペルはこの地に残った。

明治期、原田の森と呼ばれていたこの地に関西学院のチャペルが建てられた。一帯は王子動物園やスタジアムのある王子公園になっている。

*1：当時の物価や給与などから換算して、2億6000万円ほど。
*2：アカンサスの葉を図案化した模様のこと。
*3：柱のない空間を作るために用いられるイギリス・ゴシック建築の木造トラスのこと。

神戸ゆかりの作家や神戸を描いた作品を紹介・展示している。尖頭アーチやイギリス積みの煉瓦外壁が美しい。

神戸市内に現存する最古の煉瓦造り教会建築

建物は戦災によって大破したが昭和25（1950）年に塔を除き修復。平成5（1993）年には尖塔も再建された。その際、アカンサス模様（*2）が施された柱頭の飾りなどを古い写真を元に再現するほか、焼夷弾で焼けた痕跡のある煉瓦を外壁の一部に使用したり、数種類の瓦を混ぜて屋根を葺いたりし、古い感じを出している。

この建物の特徴は、屋根を支えるハンマービーム・トラス（*3）と呼ばれるアーチ形の木造小屋組み。開放的な大空間は幅10・6mにもなり、こうした造りは歴史的にも貴重である。また、煉瓦の積み方はイギリス積みである。

戦後、図書館や市民ギャラリーとして使われたこの建物が近代文学館としてオープンしたのは、平成18（2006）年。小泉八雲、谷崎潤一郎、司馬遼太郎、林芙美子、野坂昭如、遠藤周作など42人の作品、原稿、資料や愛用品を展示紹介している。また、企画展のほか土曜サロンでの文学講座も開催され、神戸市民の「知」の空間として親しまれている。

なお、平成20（2008）年、国の登録有形文化財に登録された。

天井を支えているハンマービーム・トラスと呼ばれる大きなアーチ形の梁。スパンは10.6mある。

窓から差し込む光が美しい常設展示室。神戸にゆかりのある文学者の原稿や愛用品などが展示されている。

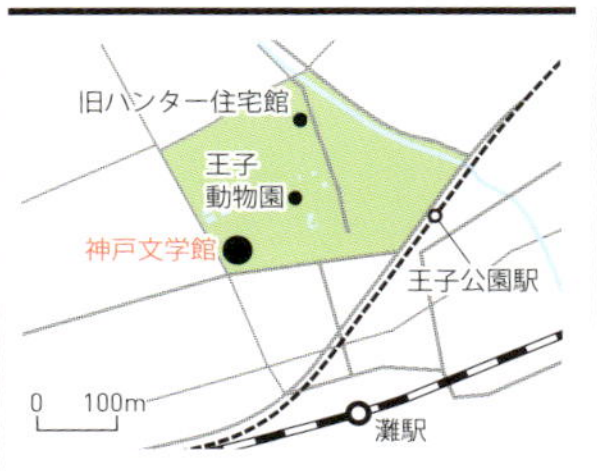

●所在地：神戸市灘区王子町3-1-2
●電話：078-882-2028
●アクセス：JR神戸線「灘駅」より徒歩約5分

敷地内にある「関西学院発祥の地」の碑が、歴史を伝えている。

ブドウ蔓模様の装飾が施されている窓ガラスと取手。どちらも細かな細工で美しい。

●写真提供：神戸文学館

重文

兵庫県 神戸市

風《かざ》見《み》鶏《どり》の館《やかた》（旧トーマス住宅）

異国情緒に溢れている異人館街のシンボル

北野異人館街のランドマーク的存在である風見鶏の館。尖塔に据えられた風見鶏は、風向きを示す役割だけではなく魔除けの意味も含まれていたという。

神戸市の中心、三宮駅から徒歩で10～15分ほどの北野・山本地区一帯は北野異人館街と呼ばれ、異国情緒が漂う洋館が建ち並んでいる。西洋人が住んだ洋館のなかで唯一、煉瓦を使った建物が風見鶏の館である。煉瓦の赤が色鮮やかな外壁、石積みの玄関ポーチ、2階部分の木骨構造などが、ほかの洋館とは異なる重厚な雰囲気を醸し出している。

屋根上の風見鶏がシンボル

風見鶏の館は、明治42（1909）年、ドイツ人貿易商のゴッドフリート・トーマスが建てた住宅で、設計は明治後半から大正初期にかけて日本で活躍したドイツ人建築家ゲオルグ・デ・ラランデによるもの。木造2階建て（一部半地下）で、外壁は煉瓦貼り、屋根は寄棟造り、スレート葺き、尖塔の先には風見鶏（*1）が立っている。

室内のデザインは部屋によって異なるが全体的にはドイツ様式が採用されている。玄関ポーチの柱頭飾りのほか1階各室扉の取手金物や応接室のシャンデリアなどにアール・ヌーボー（*2）の影響が見られる。同じく1階食堂の天井、戸棚や暖炉の飾りなども見応えがある。

昭和53（1978）年に国の重要文化財に指定されたこの建物は、昭和58（1983）年から約1年4カ月かけて解体・保存修理が行われ、古い写真などを参考に可能なかぎり復原された。

現在も北野異人館街のシンボルとして愛され、見物客があとを絶たない。

風見鶏が立つ尖塔、急勾配の寄棟屋根、煙突。さほど大きな家ではないが、日本家屋にはない雰囲気に溢れている。

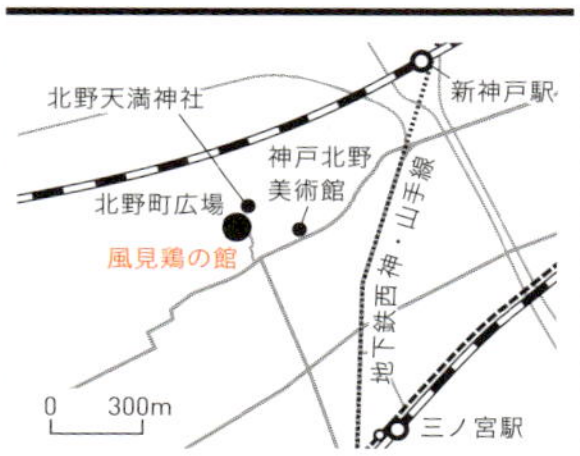

●所在地：神戸市中央区北野町3-13-3
●電話：078-242-3223
●アクセス：JR「三ノ宮駅」より徒歩約15分

*1：2階ホールには、鉄製で幅約90cm、高さ約80cmの実物大レプリカが展示されている。
*2：19世紀から20世紀初頭にかけてヨーロッパを中心におきた国際的な芸術運動。

重文

兵庫県 神戸市

相楽園《そうらくえん》 旧小寺家厩舎《きゅうこでらけきゅうしゃ》

数少ない洋式厩舎建築として貴重な建物

L字形に配された厩舎の1階は、向かって左側が馬車庫、右側が高い天井をもった吹き抜けの馬房。

厩舎とは馬小屋のことだが、西洋スタイルの旧小寺家厩舎は、馬小屋であると同時に馬車の車庫も兼ねていた。

この赤煉瓦建物は、相楽園（*1）を築いた実業家・小寺泰次郎《こでらたいじろう》の邸宅内の厩舎として、明治43（1910）年頃に建てられたもの。L字形平面で、尖塔状の塔屋は階段室。1階は馬車庫と高い天井をもった吹き抜けの馬房。2階は厩務員宿舎として利用された。また、1階開口部周りは白くて大きな石で固められている。これは、馬車がぶつかった場合に煉瓦だけだと崩れてしまう危険性もあるため。煉瓦の赤と白のもたらすコントラストが建物の印象をつくっている。

構造は1階が煉瓦造り、2階がハーフティンバー（*2）の木骨煉瓦造り。小屋組みはキング・ポスト・トラス（*3）とクイーン・ポスト・トラス（*4）を採用している。急勾配の寄棟屋根やドーマー窓、切妻飾りなどが取り入れられている。

昭和45（1970）年、重要文化財に指定された旧小寺家厩舎は、現在、日本に残っている洋式厩舎建築として貴重な遺構である。

建物西側、円筒形塔屋は階段室。右手2階の窓は、厩務員宿舎と馬糧倉庫の明かり取り。スレート葺きの屋根上にはドーマー窓が設けられている。

吹き抜けの馬房南側の切妻飾り。ドイツの民家風の雰囲気が印象的だ。

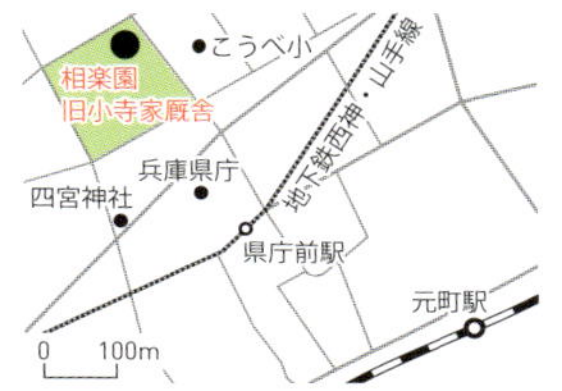

●所在地：神戸市中央区中山手通5-3-1
●電話：078-351-5155
●アクセス：JR「元町駅」より徒歩約10分

*1：神戸市中央区にある池泉《ちせん》回遊式の日本庭園。
*2：柱や梁などの骨組みを剥き出しにし、その間に煉瓦や石、土などを充填して壁にする西洋木造建築の様式のこと。
*3：三角形をつくって構造を構成するトラスのうち、中央に真束《しんづか》と呼ばれる支柱の立っている形式のこと。
*4：三角形をつくって構造を構成するトラスのうち、中央に真束ではなく対束と呼ばれる２本の束を立てた形式のこと。

兵庫県
姫路市

姫《ひめ》路《じ》市《し》立《りつ》美《び》術《じゅつ》館《かん》

（旧第十師団兵器庫・被服庫）

特別史跡姫路城跡内に建つ気品ある赤煉瓦建築物

白鷺城とも称される姫路城の東側に建つ姫路市立美術館西館。風格のある正面入口が印象的だ。また敷地内には人間や鳥をモチーフにした13体の彫刻像が展示されている。

三種の水濠を巡らせた国宝・姫路城（*1）。その東隣、内濠のすぐ外側に赤煉瓦建築物が建つ。元は、旧陸軍第十師団の兵器庫だった姫路市立美術館である。

明治末期から大正にかけ、各地で建てられた旧陸軍の煉瓦倉庫には共通点が見られる。建物は2階建てで切妻屋根。主要構造は煉瓦造りで小屋組みには木造クイーンポストトラスを採用。もちろん旧第十師団兵器

姫路城側から見た緑に囲まれた美術館全景。中央の赤煉瓦建物が西館で、左側の赤煉瓦建物は北館。両館は廊下でつながっている。

*1：国宝・特別史跡・重要文化財・世界文化遺産に指定・登録されている。

敷地の北側に建つ北館。大正期に建てられた旧被服庫を活用。

（上左）昭和58（1983）年に増築された西館と北館とをつなぐ渡り廊下。明治・大正期の建築になじんでいる。
（上右）アーチ形状が美しい窓。下部（基壇）には黒っぽい焼過煉瓦が帯状に配されている。
（下）モネからマティスまで近代フランス絵画の代表作を展示している西館の常設展示室。

庫・被服庫もその例に漏れない。

軍倉庫から市役所、美術館へ

戦火を免れた旧第十師団兵器庫の建物は、昭和22（1947）年から30年間、姫路市役所として利用された。その後、保全・改修工事がはじまり、昭和58（1983）年、姫路市立美術館としてオープンした。

美術館は、明治38（1905）年に建てられた西館（旧兵器庫）と大正2（1913）年に建てられた北館（旧被服庫）がL字形に配された二つの棟からなる。当初はそれぞれ独立していたが、昭和58（1983）年の美術館オープンの際に両館の間部分を増築し現在はつながっている。

建物には2棟合わせて推定で約150万個の煉瓦を使用。煉瓦の長手ばかりを見せる段と小口ばかりを見せる段とを交互に積んでいくイギリス積みを採用している。また、基壇の部分などは、黒っぽい色をしているが、これは焼過《やきすぎ》煉瓦（*2）を使用しているため。なお、煉瓦に残された刻印から大阪窯業（丸に三本線の刻印）と岸和田煉瓦（×印の刻印）のものを使ったことがわかる。

なお、平成15（2003）年には、国の登録有形文化財に登録された。

●所在地：姫路市本町68-25
●電話：079-222-2288
●アクセス：JR「姫路駅」より徒歩約20分、「京口駅」より徒歩約13分

*2：内部に水分が浸透しにくい耐水煉瓦のこと。

●写真提供：姫路市立美術館

兵庫県
洲本市

旧鐘紡洲本工場《きゅうかねぼうすもとこうじょう》

広大な敷地に残る
明治期の紡績産業を担った工場跡

瀬戸内海最大の島、淡路島。かつては島の玄関口でもあった洲本港のほど近くに、数棟の赤煉瓦建築物が残る。これらは旧鐘紡洲本工場の建築物。現在は図書館やレストラン、カフェなどとして整備、利用されている。

かつては国内最大の綿紡織工場

現在、カネボウといえば化粧品。しかし、明治20（1887）年、東京で創業したときには紡績業を手掛ける会社であった（鐘紡《かねぼう》「鐘淵《かねがふち》紡績」）。この後に、国内最大の企業に成長。この時代、紡績業は日本の主要産業であった。距離的には関東に比べアジアに近い関西を中心に工場を設立、明治33（1900）年には淡路紡績を買収し、関西拠点の一つとして洲本支店を開設した。洲本の労働力が安価だということもあったようだ。

淡路紡績から引き継いだ工場は、当時、第一工場と呼ばれ、昭和14（1939）年まで操業を続けた。その間、鐘紡は第二工場から第五工場まで順次建設。あわせて共同宿舎や女学校などを建てるなど従業員らの福利厚生にも力を注いだ。

旧第二工場

現在、工場敷地一画に残る赤煉瓦の建築物は、旧第二工場、旧第三工場、旧原綿《げんめん》倉庫である。

洲本港改修工事によってできた

洲本アルチザンスクエアとなった旧第二工場の左ブロック。ここは元汽缶室（ボイラー室）であった。右端に見えるのが巨大な煙突。

12万5000㎡と広大な面積をもつ洲本市民広場から見た旧鐘紡洲本工場。右端の樹木に隠れた赤煉瓦建築が旧原綿倉庫。少し離れて紙面中央から左側にいたる建築群が旧第二工場（右から平屋の洲本市立図書館、四角い建物のような煙突、高層部分と低層部分からなる洲本アルチザンスクエア）。旧第三工場は広場を挟んだ手前側にある。

敷地に建つ旧第二工場は、明治42（1909）年の完成。当時の最新鋭綿紡績工場で、建物はイギリス積みの煉瓦造り、ビルのような巨大な煙突が特徴である。建物は、二つのブロックからなっていて、正面に向かって右側が紡績工場、左側が汽缶室（ボイラー室）であった。

現在、紡績機械が並んでいた右ブロックは洲本市立図書館として利用

旧第二工場の左ブロック通路部分。煉瓦を積み上げた太く強固な柱と煉瓦の床が印象的。

洲本アルチザンスクエアのゲート入口。なかにはレストランなどがある。

煉瓦が敷き詰められた図書館の中庭。

旧第二工場のうち紡績機が並んでいた右ブロックは、洲本市立図書館として利用されている。

されている。この図書館はデザイン的にも評価が高く、日本図書館協会建築賞などを受賞している。一方、汽缶室であった左ブロックは、洲本市の産業振興や文化芸術などの紹介を目的とした洲本アルチザンスクエアという複合商業施設で、ギャラリーやレストランなどが入っている。

旧第三工場

旧第三工場ができたのは、大正9（1920）年のこと。イギリス積みを採用した煉瓦造りで、高さ14・5mと開放感のある高い天井が特徴である。

汽缶室のあったところは現在、レストラン「淡路ごちそう館（御食《みけつ》国《くに》）」として利用されている。

旧第三工場。旧第二工場は蒸気が主要な動力だったが、第三工場では電気を動力としていた。正面だけでなく側面、背面ともほとんどがアーチ形状になっている大小の窓が特徴的だ。壁面にはバットレスが見られる。

旧原綿《げんめん》倉庫

紡績の原料となる原綿とは、綿花から種子を取り除いただけの精製していない繰綿《くりわた》のこと。その原綿を保管するための平屋の倉庫が残っている。建物はイギリス積みの煉瓦造り。現在は使われていない。

旧原綿倉庫は紡績の原料となる原綿を保管していた。平成7（1995）年から5年間美術館として活用されていたが、現在は使われていない。

幸いなことに旧鐘紡洲本工場は戦火を免れ戦後も稼働を続けたが、経済構造の変化によって合理化・縮小の道を辿る（*）。昭和61（1986）年には紡績操業を停止、その役割を終えた。残された3棟の建物は、日本の近代化の歴史を物語る遺産として「近代化産業遺産」（経済産業省の一つに認定されている。

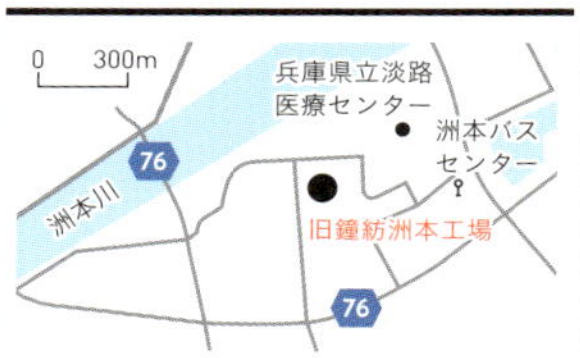

●所在地：洲本市塩屋1
●電話：0799-22-3321（市商工観光課）
●アクセス：JR「徳島駅」より高速バス「洲本バスセンター」行き終点下車、徒歩約3分

*：昭和12（1937）年の最盛期には、国内最大規模を誇る紡績工場であった。

●写真提供：洲本市役所

地図にない島には煉瓦造りの砲台があった

和歌山県
和歌山市

友ヶ島砲台跡《ともがしまほうだいあと》

友ヶ島砲台跡で最も有名な第三砲台の弾薬庫跡。見通しを妨げる岩石や樹木などがあり、敵から見えないような場所にある。

和歌山の加太《かだ》と兵庫・淡路島の由良《ゆら》との間、幅約10㎞を紀淡《きたん》海峡（友ヶ島水道）と呼ぶ。友ヶ島とは、この狭い海峡のほぼ中央に位置する無人島群のこと。友ヶ島という島はなく、地ノ島、沖ノ島、神島、虎島の四つの島を総称し友ヶ島と呼んでいるが、一般的には沖ノ島だけを指して友ヶ島と呼ぶことが多い。この島は重要な軍事施設が存在していたため第二次世界大戦終了までは一般人の立ち入りは禁止、当時の地図にも載せられてはいなかった。

100年以上を経ても戦争の痕跡は消えない

友ヶ島には、明治23（1890）年から明治37（1904）年にかけて煉瓦造りの砲台が五つ築かれた（*）。そのほか、発電所や兵舎など多くの軍事施設が煉瓦で造られた。いずれもイギリス積みであるのは、明治20（1887）年に陸軍が砲台の煉瓦構造物をイギリス積みに統一したためだ。五つの砲台のなかでも知られているのは沖ノ島に残る第三砲台跡。竣工は明治25（1892）年。最主力砲台として大規模な地下弾薬施設や装薬庫を備えていた。

いっぽう軍事施設としてではなく友ヶ島が一般に知られるようになったのは、島の雰囲気がスタジオジブリの名作「天空の城ラピュタ」に描かれた風景に似ていると話題になったことがきっかけだといわれている。近年では見学者があとを絶たない。

友ヶ島には、第二砲台跡、潜水艦の接近を音で感知する旧海軍聴音所跡、警戒のために海を照らしていた探照灯跡なども残されている。

終戦後に占領軍によって爆破・解体された第二砲台跡。現在は、危険なので近寄らないほうがよい。

加太港から約20分の沖合に浮かぶ友ヶ島（沖ノ島）。

●所在地：和歌山市加太2673番地
●問い合わせ：073-459-0314
（友ヶ島自然公園事務所）
073-459-1333（友ヶ島汽船）
●アクセス：加太港から友ヶ島汽船で約20分

*：友ヶ島砲台は、由良要塞の一部、友ヶ島地区の砲台のこと。

●写真提供：織田寧人、細野省吾、（社）和歌山市観光協会

表門の入口は半円状のアーチ。左右にある円筒形の部分が守衛室になっている。どこかに「権威」が潜んでいるような外観。

長い歴史を誇る監獄建築はホテルへと生まれ変わる

重文

奈良県奈良市

奈良《なら》少年《しょうねん》刑務所《けいむしょ》跡《あと》

（旧奈良監獄）

東大寺から1㎞ほど北に建つ旧奈良少年刑務所。その前身は、明治41（1908）年に建てられた奈良監獄である。建物は明治の五大監獄（*1）のなかで唯一、当時の姿を留めていたが、平成29（2017）年3月、耐震性の問題から閉鎖された。

高さ4.5mの煉瓦塀で囲まれた敷地全景。敷地は広さ10万㎡超。中央部分には庁舎を基点に5棟の舎房が放射状に広がっている。

現存する日本最古の監獄建築

設計は、ジャズピアニスト山下洋輔の祖父、山下啓次郎。

周囲は高さ4・5mの煉瓦塀で閉ざされ（一部は鉄筋コンクリート造り）、西洋の城門を思わせる表門を入ると庁舎、奥に舎房《しゃぼう》が広がっている。塀の煉瓦には桜の刻印が記されている。小菅《こすげ》煉瓦（P21）同様、囚人たち自らが煉瓦を焼き、積んだものといわれている。

表門

イギリス積みによる煉瓦造りで中央に半円状のアーチ、左右にドームの屋根をいただく守衛所が配されている。軒周りのロンバルディア帯（*2）はロマネスク様式に由来するが、

*1：明治時代、千葉、金沢、奈良、長崎、鹿児島の全国5カ所に造られた監獄（刑務所）のこと。
*2：初期ロマネスク建築で発生した壁面を装飾するもの。

（左）表門の奥にある庁舎。明治初期、諸外国に肩を並べるため人権意識にもとづいて建てられた五大監獄の一つ。（右）庁舎の窓は櫛形アーチや半円アーチなど多様な形。

全体的にはルネサンス風である。

庁舎
（旧中央看守所および事務所）

イギリス積みを採用した煉瓦造り2階建て、寄棟屋根。中央と両翼をわずかに前面に突出させた造りである。軒周りには表門と同様にロンバルディア帯を巡らし、開口部は櫛形アーチ窓が主で半円アーチ窓も配している。後方は部分的に2層吹き抜けになっていて、そこを起点に5棟の舎房が放射状に広がっているのが特徴である。2階には中央看守所が設けられ、1階、2階の舎房を見渡せるようになっている。

表門の小柱列をアーチで連結した軒周りの装飾は、ロマネスク様式に由来する。

舎房
（第一～第五寮）

5棟ともイギリス積みによる煉瓦造り2階建て。内部は白いペンキ塗り、中廊下を挟んで房《ぼう》が向かい合う複房式になっている。

そのほか敷地内には、医務所や倉庫、付属倉庫など明治・大正期に建てられた煉瓦造りや木造の建物が数多く残るが、現在、一般公開はされていない。

今後は、2020年をめどにホテルなどの複合施設として生まれ変わるという。

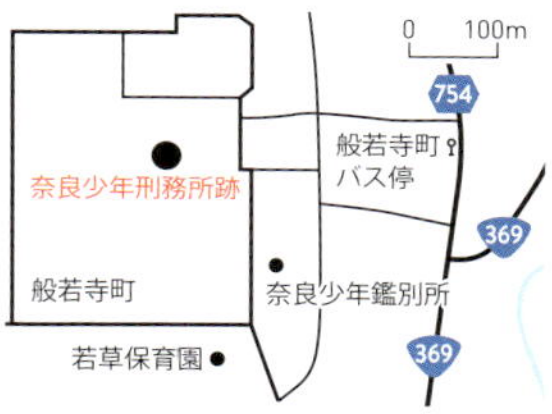

●所在地：奈良市般若寺町18
●アクセス：JR関西線・近鉄線「奈良駅」からバス「般若寺町」下車、徒歩約３分

庁舎2階の中央看守所。5棟の舎房の起点にあり、舎房を一望できる。床には開口を設けているので舎房の1階も見渡すことが可能。

舎房2階。複房式と呼ばれ、向かい合うように独房が配置される。1階も同様。

●写真提供：法務省

Part 5

四国・中国・九州

山口県

旧下関英国領事館

領事館建築として日本最古。

広島県

海上自衛隊第一術科学校・幹部候補生学校庁舎

江田島の海軍兵学校は、いまなお海上自衛隊が使い続けている。

香川県

陸上自衛隊第十四旅団倉庫

明治期に建てられた兵器庫のなかで、唯一、現在も当時の姿で倉庫として使われている。

愛媛県

東平索道場跡

別子鉱山で採掘された鉱石や働く人のための日用品を運んだ索道基地の跡。

おおず赤煉瓦館

元は担保となる繭の保管場所として銀行敷地内に建設された建物。

佐賀県

旧唐津銀行本店

辰野金吾の出身地に残る、辰野の愛弟子が設計した辰野式建築。

福岡市赤煉瓦文化館

日本生命九州支店として建てられた建物堅牢な印象の辰野式建築。

長崎県

長崎造船所史料館

日本の近代化を支えた旧長崎造船所時代の建物はその歴史を伝える史料館に。

福岡県

旧門司税関庁舎

国際貿易の拠点として栄えた門司港周辺に残る歴史的建造物の一つ。

長崎の赤煉瓦教会群

仏教徒ながら教会建築に心血を注いだ鉄川与助による煉瓦造りのカトリック教会の数々。

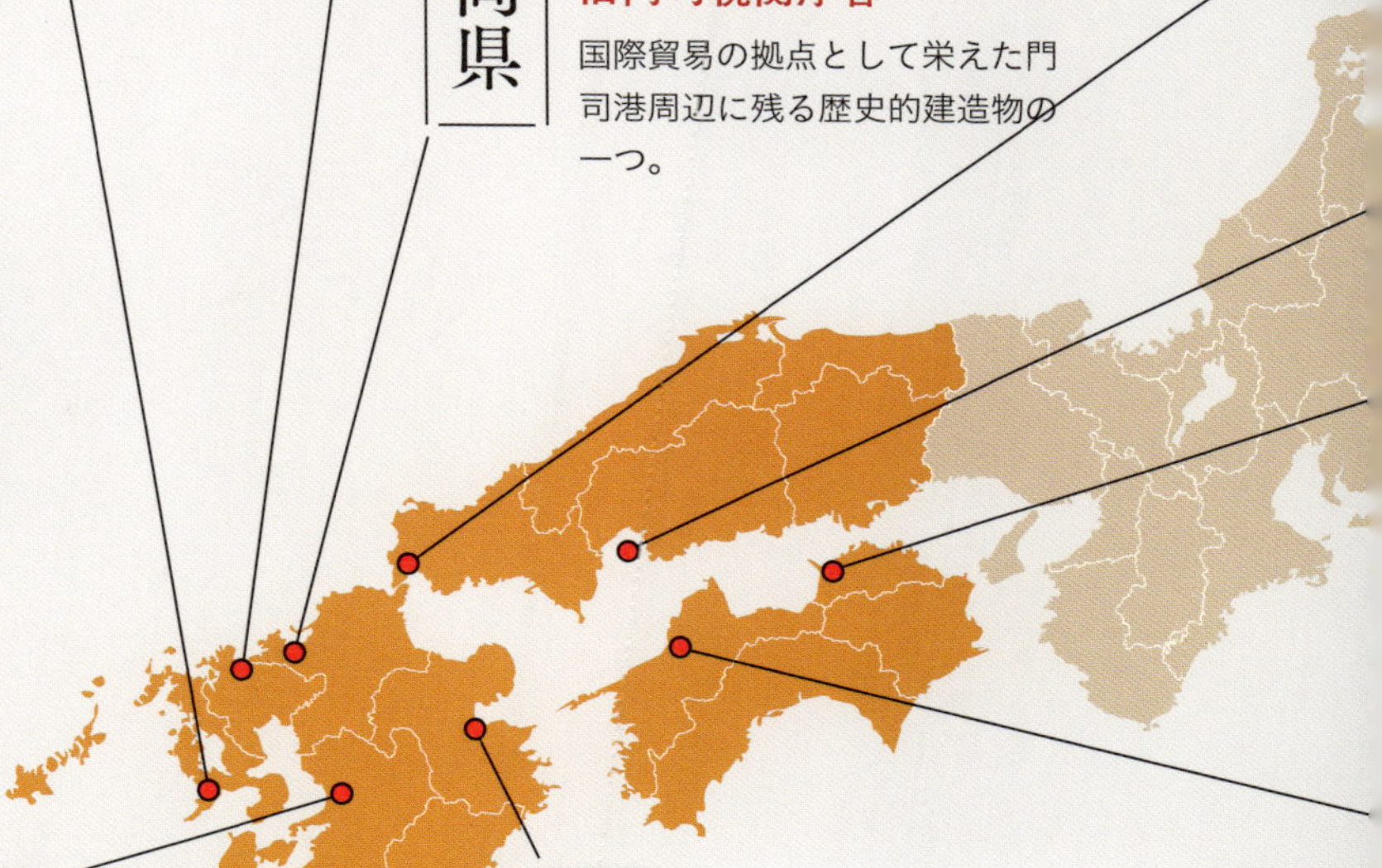

熊本県

熊本大学五高記念館ほか

熊大キャンパスに残る旧制五高の校舎。

大分県

大分銀行赤レンガ館

鉄筋コンクリートの躯体に赤煉瓦を貼り付けたもので、典型的な辰野式建築。

香川県
善通寺市

陸《りく》上《じょう》自《じ》衛《えい》隊《たい》第《だい》十《じゅう》四《よん》旅《りょ》団《だん》倉《そう》庫《こ》

（旧陸軍第十一師団兵器庫）

今も昔も倉庫として生き続ける明治建築

日清戦争後に新設された陸軍第十一師団（善通寺）。その司令部跡の北側に、巨大な赤煉瓦倉庫が残っている。旧陸軍第十一師団兵器庫である。建物は3棟、明治42（1909）年建造の南棟、明治44（1911）年建造の北棟、そして大正10（1921）年建造の東棟だ。いずれも外国製の煉瓦をイギリス積みした煉瓦造り2階建て。屋根は切妻造りの瓦葺きで、天井が高く屋根裏もある。南棟と北棟は幅14m、奥行63m。東棟は幅14m、奥行90m。各棟とも長手方向に100個ほどの縦長の窓があり、南棟と北棟の窓には、両開きの鉄扉が備えられている。また、明治期に建てられた南棟と北棟は各地に残る旧日本陸軍の煉瓦倉庫と造りに共通点が多いことから、ある基準にもとづいて設計されたものと思われる。

（上）3棟のなかで最も新しく、大正期に造られた東棟。昭和20（1945）年の終戦まで兵器庫として使用。その後、自衛隊も同様の用途で使っている。
（下）明治期に建てられた、3棟のなかで最も古い南棟。師団の補充用兵器・装具、修理用品などを収納していた。その後、善通寺駐屯地の開設にともない、隊舎や共済組合の売店として使用されたが、現在は兵器庫として使用されている。

基礎部分の煉瓦。金属などで叩いてみるとわかるが、中身の詰まった非常に硬い外国製煉瓦を使用したようだ。当時の日本製煉瓦より強度があったため用いたと考えられる。

北棟の窓。鉄扉を強固に支えるために蝶番周りには石材が用いられている。

陸軍第十一師団と同時期に新設された陸軍第九師団（金沢）や陸軍第十師団（姫路）にも同様の兵器庫跡が現存しているが、現役の倉庫として利用されているのは、第十一師団のものだけである。現在は陸上自衛隊第十四旅団（善通寺駐屯地）の倉庫になっており、地元では「自衛隊の赤煉瓦」として親しまれている。

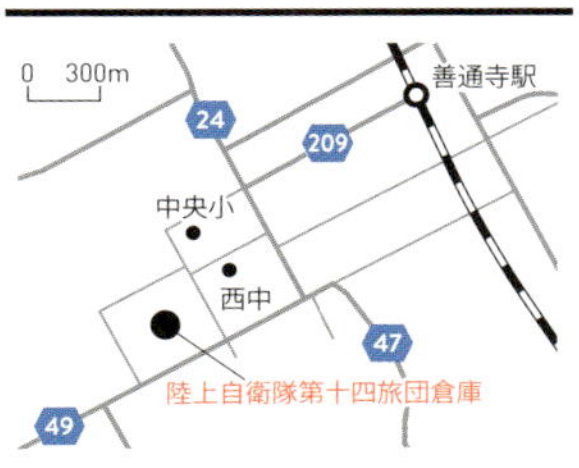

●所在地：善通寺市南町1-1
●非公開
●アクセス：JR「善通寺駅」より徒歩約15分

●写真提供：善通寺市役所

愛媛県 大洲市

おおず赤煉瓦館《あかれんがかん》
（旧大洲商業銀行）

養蚕《ようさん》地ならではの倉庫付き銀行

（上）旧事務所。軒、胴周りの蛇腹、窓上下に配した白い石、屋根四隅に突き出させた柱型などがアクセントになっている。
（下）旧事務所の裏にある中庭。左手は旧金庫、その奥に旧２号倉庫が続く。右手は旧１号倉庫。落ち着きのある佇まい、雰囲気が金融機関の建物であることを忘れさせる。

南《なん》予《よ》地方に位置する大洲《おおず》市は大洲城を中心に発達した旧城下町で、「伊予の小京都」とも称される。この地で、地元の人々から「煉瓦館」と呼ばれ100年以上にわたり親しまれてきた建物がある。旧大洲商業銀行の本店として建設されたおおず赤煉瓦館だ。

大洲では幕末の頃から養蚕製糸業が普及しはじめ、明治20年代に入ると一大中心地として近隣から繭が運び込まれた。さらに一般の産業も興ったことから金融機関の整備が急務となり、明治22（1889）年、大洲銀行が開業。明治29（1896）年には、有力者が共同して民家を借り大洲商業銀行を設立した。

繭の保管庫から整備

当時銀行は、繭を抵当（担保）として融資することが多く、繭の保管所が欠かせないものであった。大洲商業銀行も同様に繭の保管庫が必要となり、明治33（1900）年に旧1号倉庫、翌年に旧2号倉庫と旧金庫、旧事務所と順次、建設していった。現在のおおず赤煉瓦館は、これらの建物を本館や資料室などとして利用している（*1）。

建物は、一部にフランス積み部分があるが基本はイギリス積み（*2）を採用した煉瓦造り2階建て、屋根は和瓦葺きの寄棟造り。また本館をはじめすべての建物の出入口は花崗岩の枠に鉄扉を入れ、本館玄関にアーチ式の庇を設ける。

その後、昭和29（1954）年には大洲市の所有となり、平成3（1991）年、観光案内の拠点機能をもつおおず赤煉瓦館として再出発。大洲市有形文化財にも指定された。なお現在は、ギャラリーやお土産購入の場所としても利用されている。

旧２号倉庫の出入口。温度や湿度の変化を防ぎ抵当の繭の品質を保つために鉄扉が採用されたと思われる。

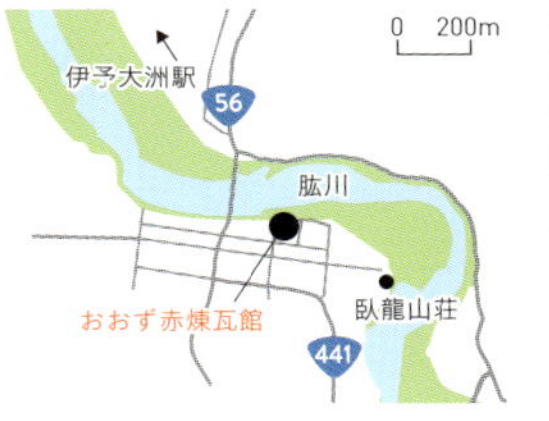

●所在地：大洲市大洲60
●電話：0893-24-1281
●アクセス：JR「伊予大洲駅」より徒歩約20分

*1：現在、旧1号倉庫はトイレ、旧2号倉庫は別館、旧金庫は資料室、旧事務所は本館として利用。
*2：旧事務所と旧1号倉庫の間、駐車場側壁面の一部はフランス積み。

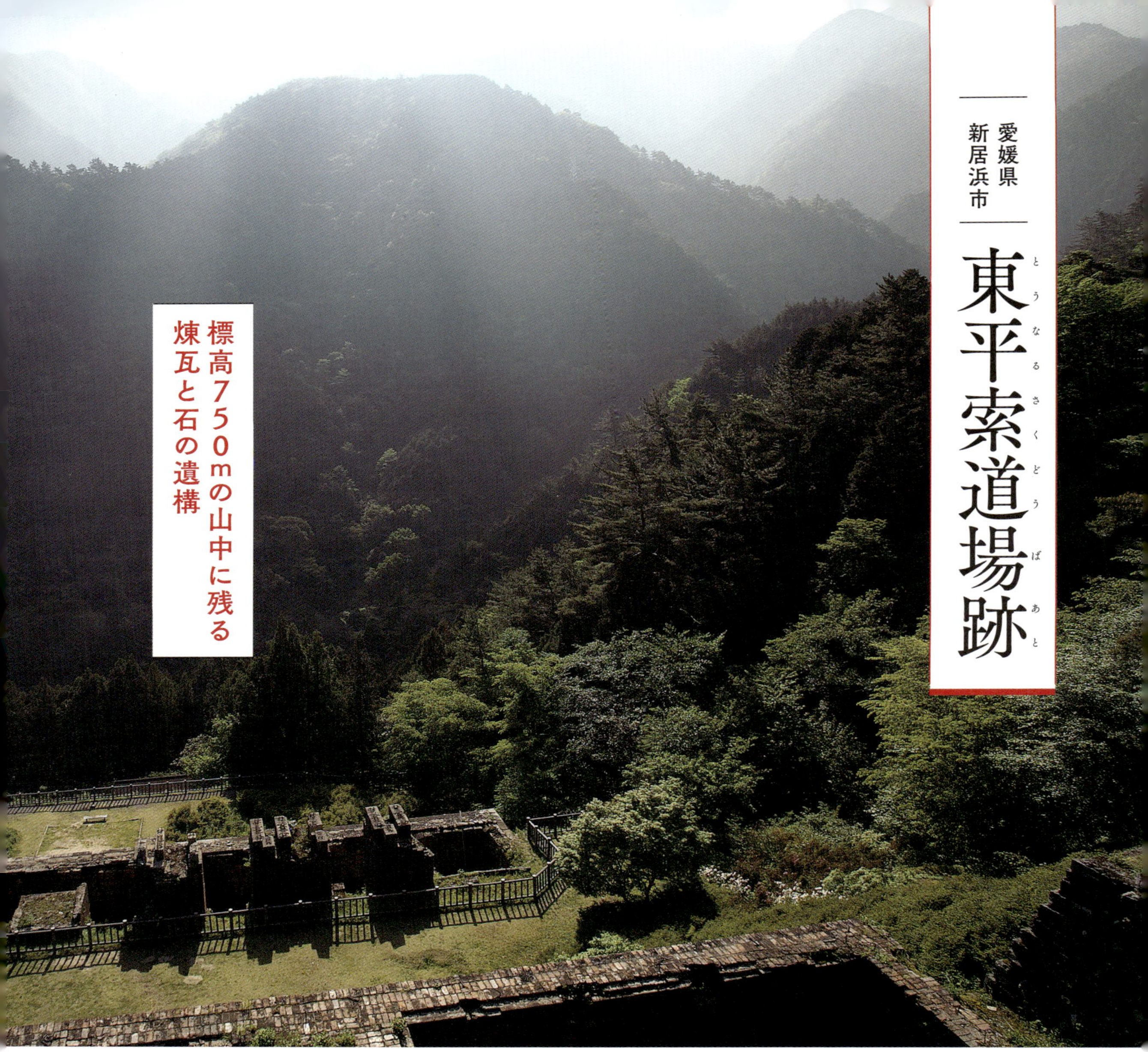

愛媛県新居浜市

東平《とうなる》索道場《さくどうば》跡《あと》

標高750mの山中に残る煉瓦と石の遺構

索道とは、空中に渡したケーブルに運搬器を吊した輸送・運搬設備のこと。なじみのあるものだと、ロープウェイやスキー場のリフトなどが挙げられる。

近年、東洋のマチュピチュと称され注目されている東平は、標高750mの山中にある。ここには、大正5（1916）年から昭和5（1930）年まで別子《べっし》銅山の採掘本部が置かれていた。社宅や小学校なども建てられて、昭和43（1968）年の採鉱休止まで鉱山の町として最盛期には5000人が住み、賑わいを見せていたという。

採掘した鉱石を選鉱し貯鉱庫で保管、索道で搬出する。東平には、当時の様子をわずかながらも伝える施設が残る。

そのうちの一つ、索道場は明治38（1905）年に造られた。採鉱した石や鉱石を貯蔵する上貯鉱庫、石と鉱石とを選別する手選鉱場、選鉱した鉱石を貯める下貯蔵庫、鉱石を送り出す索道基地からなっていて、現在、その一部が残っている。上下の貯鉱庫は日本煉瓦製の煉瓦をイギリス積み。外側部分は花崗岩で構成され、内面は煉瓦を貼り付けている。

遊歩道沿いには索道場開設の前年に造られた煉瓦造りの第三変電所だった建物がある。同じく煉瓦造りの保安本部だった建物は、現在銅工芸が楽しめるマイン工房になっている。

東平索道場を南から見る。左上は上貯蔵庫跡。中央部の平坦な部分は手選鉱場跡。煉瓦柱が並ぶところは下貯蔵庫跡。上から下へと鉱石を落とし込んでいた。右下に残る煉瓦造りの柱は、讃岐煉瓦を用いた索道基地跡。

明治37(1904)年に完成した第三変電所。坑内電車へ電気を供給するために電圧調整と直流変換を行っていた。

旧東平保安本部の建物。現在は、マイン工房として利用されている。第三変電所と同じく明治37(1904) 年に造られたと考えられる。

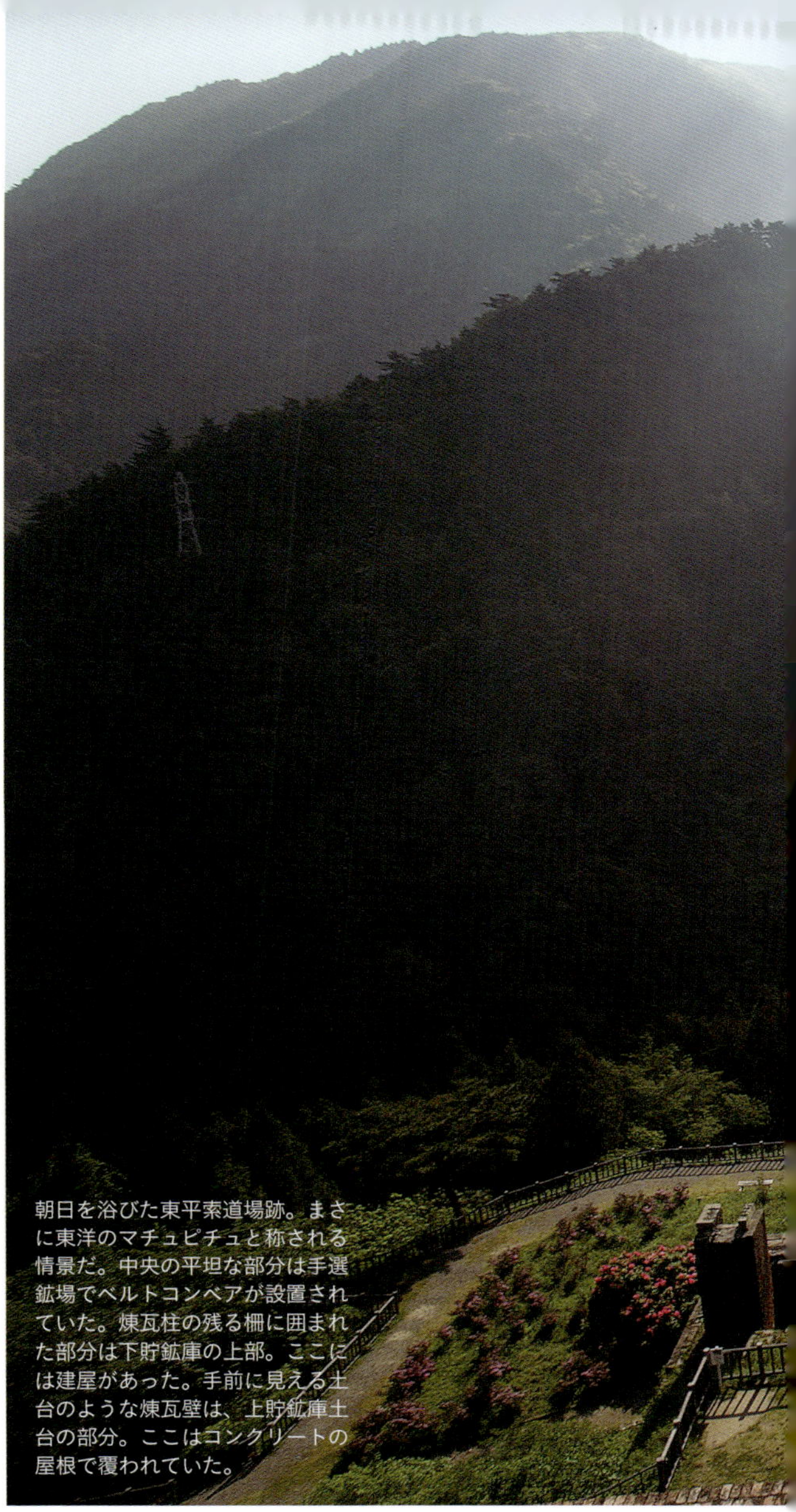

朝日を浴びた東平索道場跡。まさに東洋のマチュピチュと称される情景だ。中央の平坦な部分は手選鉱場でベルトコンベアが設置されていた。煉瓦柱の残る柵に囲まれた部分は下貯鉱庫の上部。ここには建屋があった。手前に見える土台のような煉瓦壁は、上貯鉱庫土台の部分。ここはコンクリートの屋根で覆われていた。

●所在地：新居浜市立川町654-3
●電話：0897-36-1300
●アクセス：新居浜ICから約18㎞、車で約40分

広島県
江田島市

海上自衛隊第一術科学校《かいじょうじえいたいだいいちじゅつかがっこう》・幹部候補生学校庁舎《かんぶこうほせいがっこうちょうしゃ》
（旧海軍兵学校生徒館）

全長140mの規模を誇る煉瓦造り２階建ての旧海軍兵学校生徒館。正面出入口には扉がない。これは建物自体を艦船に見立て、風雨など海上で遭遇する災難の際に一刻も早く脱出する訓練のためだといわれている。内部見学不可。

多くの士官を輩出した旧日本海軍の教育機関

(左) 旧生徒館裏側の回廊部分。１、２階ともアーチが連なる。桜の季節、週末の一日のみ見学が可能。
(右) 御影石仕上げの大講堂は、旧生徒館右側、直角の位置に建つ。大正６（1917）年に完成。海軍兵学校時代、皇室臨席のもと入学式や卒業式が執り行われた。現在は幹部候補生、第一術科学校の学生等の入校式、卒業式などに使われている。内部見学可。

旧海軍兵学校の建物は終戦後、連合国軍が使用していたが10年後に返還。昭和31（1956）年に海上自衛隊の第一術科学校、幹部候補生学校の施設となり、いまに残る。その一つが、「赤煉瓦」と呼ばれ親しまれる幹部候補生学校庁舎（旧生徒館）である。

旧海軍の美しい遺産

旧海軍の士官養成機関であった海軍兵学校は、明治２（１８６９）年、東京・築地に創立された海軍操練所《そうれんじょ》がそのルーツ（後に海軍兵学校と改称）。築地から江田島《えだじま》へ移転したのは、明治21（１８８８）年。旧生徒館は日清戦争の前年にあたる明治26（１８９３）年に建設された。

全長１４０ｍもあるこの建物は、御影石の窓枠と赤煉瓦とのコントラストが優美。シンプルな意匠ながらも荘厳な雰囲気が漂う。イギリス人建築家、ジョン・ダイアックの設計と伝えられるが定かではない。また良質な煉瓦だったのか、現在でも表面はツルツルし光沢を失ってはいない。

最大の見どころは裏側の回廊部分で、石と煉瓦を組み合わせた連続正円アーチが美しい。この回廊は通常の見学コースには入っていないが、桜の時期だけは見学可能である。

敷地内は見学可能で（定時見学）、大正期の建築となる御影石仕上げの大講堂などもあり、見どころは豊富だ。

●所在地：江田島市江田島町国有無番地
●電話：0823-42-1211（内線2016、総務部広報室）
●アクセス：広島宇品港から船で25分、バス「術科学校前」下車、徒歩約５分

●写真提供：細野省吾

重文

山口県下関市

旧下関英国領事館《きゅうしものせきえいこくりょうじかん》

明治期の外交施設の一つの典型例

本館西側ファサード。煙突とからめた段々状の切妻壁が特徴的。この意匠は煙突のある東面、北面にも見られる。

イギリスが下関に領事館を開設したのは明治34（1901）年。当時の駐日英国大使アーネスト・サトウの本国への意見具申による。

領事館は当初、日本家屋だった商店を利用していた。その後の明治39（1906）年、現在地で新たな建物を建設。それがこの赤煉瓦建築で、設計はイギリス政府工務局建築技師長ウィリアム・コーンによる。領事館として建てられた建物としては、日本最古のものである。

主《あるじ》と使用人の居住空間を明確に分離

建物は本館と付属屋からなり、いずれも煉瓦造り桟瓦葺き。敷地は煉瓦塀で囲われ、庭もある。領事室や居住スペースのあった本館は2階建てで、外観は赤い煉瓦と白い石材が基調。煙突がある段々状の切妻壁（ステップ・ゲーブル）や連続アーチと列柱のベランダが特徴的である。給仕室や台所などのある付属屋はL字形平面をもつ平屋建て。外観は本館を簡略化したデザインになっている。

この建物は、昭和16（1941）年まで英国領事館として使用された後、昭和29（1954）年に下関市の所有になった。以降は派出所、下関考古館として昭和61（1986）年まで利用され、その後、保存修理工事を経て平成26（2014）年に再オープン。本館は展示室やショップ、カフェなど、付属屋はギャラリーとして活用されている。

旧下関英国領事館は、平成11（1999）年、国の重要文化財に指定された。

南東側から見た建物。敷地全体は煉瓦塀が巡らされ、写真左手と右奥に芝生の庭が設けられている。

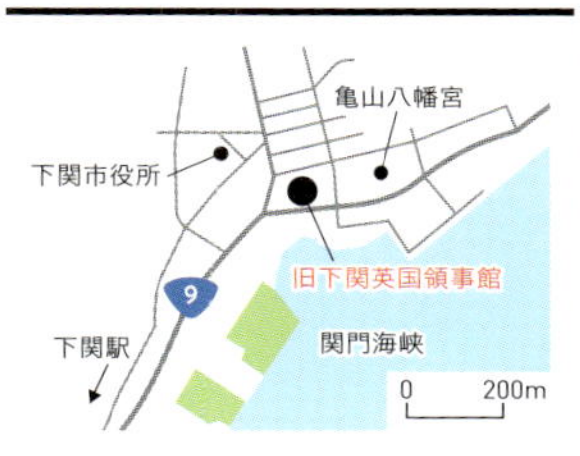

●所在地：下関市唐戸町4-11
●電話：083-235-1906
●アクセス：JR「下関駅」より徒歩約30分

●写真提供：高橋映次

赤煉瓦と白い花崗岩の辰野式建築

赤煉瓦の壁に白い帯を通す、辰野式建築の特徴的な外観。煉瓦造り地上2階地下1階建て。

重文

福岡県
福岡市

福《ふく》岡《おか》市《し》赤《あか》煉《れん》瓦《が》文《ぶん》化《か》館《かん》

（旧日本生命保険九州支店）

福岡と博多を結ぶ西中島橋の袂《たもと》に建つ赤煉瓦の建物は、日本生命の九州支店として、辰野金吾と片岡安《やすし》の設計によって明治42（1909）年に竣工したものである。

赤煉瓦と白い花崗岩からなる外壁、ドームや尖塔、ドーマー窓のある屋根など、19世紀末にイギリスで流行したクイーン・アン様式のスタイルを応用した建物。堅牢な印象だが、内部の照明器具、階段の装飾や鉄柵などにアールヌーボーの影響が見られる。もちろん生命保険会社の社屋だけあって華やかさは抑えられている。

戦後も日本生命が使用していたが、昭和44（1969）年、重要文化財に指定されたため、福岡市に譲渡。歴史資料館として使用された後、平成6（1994）年、竣工当時の内装に復原し福岡市赤煉瓦文化館としてオープンした。現在、1階は福岡市文学館になっている。

煉瓦は小口積み（ドイツ積み）。塔の部分の屋根は銅板を鱗のように重ね合わせたり、窓枠や壁面にも石の装飾を施したりなどディテールの凝った造りになっている。

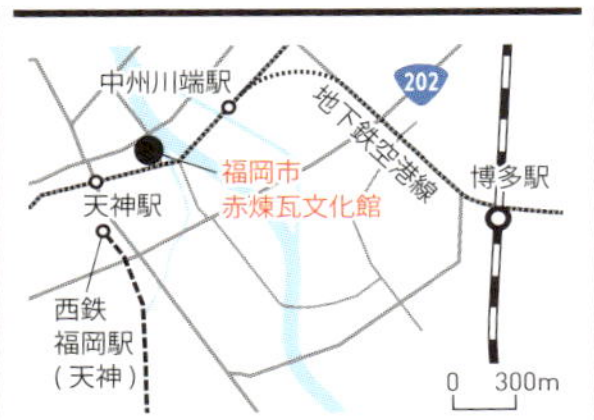

●所在地：福岡市中央区天神1-15-30
●電話：092-722-4666
●アクセス：市営地下鉄「天神駅」より徒歩約5分

福岡県
北九州市

旧門司税関庁舎《きゅうもじぜいかんちょうしゃ》

わが国七番目にできた税関の二代目庁舎

建物裏側は門司港第一船溜に面し、晴れた日などには開放的なテラス席でゆったりとした時間を過ごすことができる。

九州の玄関口・門司港は明治22（1889）年の開港。神戸や横浜に並ぶ国際貿易の拠点として栄え、近代日本の発展を支えてきた。門司港周辺には、往時の繁栄を物語る歴史的建造物が数多く残る。その一つが旧門司税関庁舎である。

門司港レトロの街並をつくる建物

建物は初代庁舎焼失（*1）を受け、明治45（1912）年に建てられたもの。木骨煉瓦造り2階建てで、屋根にはドーマー窓を載せている。ルネサンス様式を採用した美しい意匠は、妻木頼黄《つまきよりなか》の設計による。煉瓦の赤、窓枠やボーダーの白がコントラストをなす。煉瓦は一部フランス積みで全体としてはイギリス積み。壁の厚みは50cm近くもあり、強固・堅牢な造りであることがうかがえる。

平成19（2007）年には近代産業遺産に認定された（*2）。

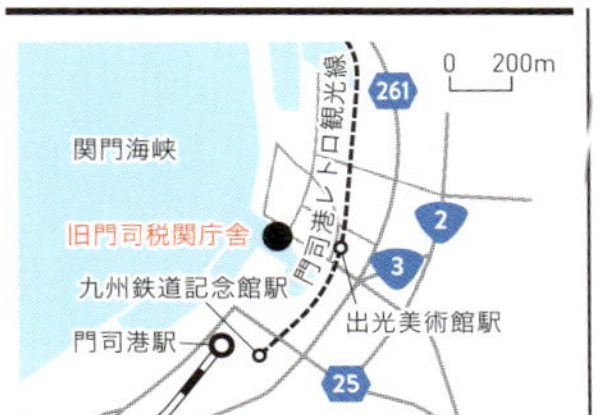

●所在地：下関市東港町1-24
●電話：093-321-4151
●アクセス：JR「門司港駅」より徒歩約8分

TOPICS

門司港レトロを散策する

重要文化財に指定されている木造のJR門司港駅舎周辺には、レトロな建物が数多く建ち並んでいる。門司港レトロとは、こうした建物を中心に整備した観光スポット。旧門司三井倶楽部（重要文化財）や旧大阪商船門司支店などをはじめ、往時の建物に出会うことができる。

◆旧大阪商船
（大阪商船門司支店）

●竣工は大正6（1917）年。木造洋風2階建て。オレンジ色のタイルを貼った外観で、頂部の大きなアーチ形の窓と塔屋が特徴的である。

◆旧門司三井倶楽部

●竣工は大正13（1924）年。木造の骨組みの間を石や煉瓦、漆喰で埋めるハーフティンバー様式の建物。骨組みがそのまま外観のアクセントに。

*1：初代の木造2階建て庁舎は、明治43（1910）年に火災で焼失した。
*2：建物は現在、1階がカフェや税関広報展示室、2階がギャラリーと関門海峡を一望できる展望室になっている。

●写真提供：高橋映次

佐賀県
唐津市

旧《きゅう》唐津《からつ》銀行《ぎんこう》本店《ほんてん》

辰野金吾生誕の町に
愛弟子が残した辰野式建築

赤煉瓦建築物は辰野金吾《たつのきんご》（P8）を抜きにして語ることはできない。

辰野が設計した赤煉瓦建築物は赤い煉瓦と白い花崗岩とのコントラストが印象的で、辰野式とも呼ばれている。その辰野の出身が佐賀県唐津市。旧唐津銀行本店も辰野が監修した煉瓦造りの建物だ。設計は愛弟子にあたる田中実によるもので、明治45（1912）年に竣工した。

辰野式のなかに田中独自の意匠を生かす

唐津銀行は明治18（1885）年に設立。初代頭取の大島小太郎は、本店を新築移転するために、藩校時代の同級生だった辰野に設計を依頼した。当時辰野は東京駅の設計に携わっていたため、田中実に委ねることに。田中は典型的な辰野式を採用、適所に赤煉瓦調タイルを用いた彼独自のデザインも採り入れた。

唐津を代表する人物による唐津の遺産

建物は煉瓦造り地上2階地下1階建て。イギリスのクイーン・アン様式を日本風に昇華させたデザインで、

辰野式建築は屋根に複数の小塔を載せるのが特徴。

アーチ窓は煉瓦調タイルと石が美しいバランス。

外観は赤い煉瓦タイルと白い花崗岩の組み合わせ。屋根の上にあたかも王冠のように小塔やドームを載せる辰野式の特徴が溢れている。

（上）広々とした1階の旧営業室。左上にホールの吹き抜けに面した2階回廊の一部分が見える。
（下）旧営業室のコリント式の柱。アカンサスをモチーフにした柱頭飾りが美しい。

辰野式の特徴のうえに田中独自の感性がプラスされている。

内部は、1階ロビーが2層吹き抜けで、2階に回廊を設けている点など、辰野が手掛けた岩手銀行赤レンガ館（P74）とまったく同じになっている。

その後唐津銀行は他銀行との合併を経て佐賀銀行に。旧本店建物は平成9（1997）年まで佐賀銀行唐津支店として利用されていた。唐津市へ寄贈されたのを機に2年の歳月をかけて修復され、現在は多目的ホールや展示施設などとして一般公開されている。

また、平成30（2018）年1月4日付の西日本新聞によれば、この旧唐津銀行本店を通称「辰野金吾資料館」にするように唐津市に働きかける署名運動がはじまったとある。

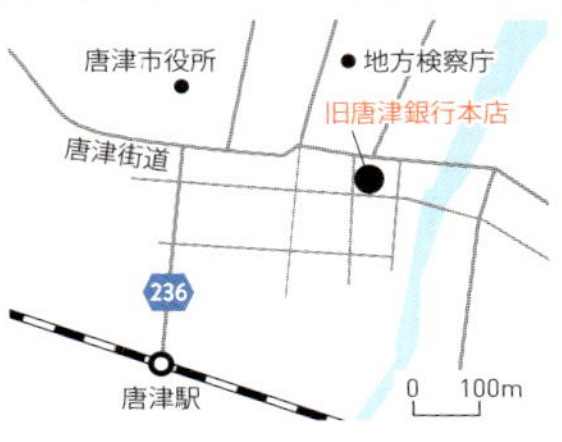

●所在地：唐津市本町1513-15
●電話：0955-70-1717
●アクセス：JR「唐津駅」より徒歩約10分

●写真提供：一般社団法人佐賀県観光連盟

大分県
大分市

大分《おおいた》銀行《ぎんこう》赤《あか》レンガ館《かん》

（旧第二十三銀行本店）

角部を張り出してドーム屋根を載せたり、円窓や円形のドーマー窓をいくつも並べたりと、装飾性に富む外観となっている。

都市のなかで異彩を放つ外観

大分市の中心部に建つ大分銀行赤レンガ館。建物は、大正２（１９１３）年、第二十三銀行本店として建てられたものである。その後大分合同銀行を経て大分銀行の本店となった。

建設中の旧第二十三銀行。大正初期の建築現場の様子がわかる面白い１枚だ。

コンクリート造りの辰野式赤煉瓦建築

設計は、辰野・片岡建築事務所（＊）による。構造は鉄筋コンクリート造りで、躯体に赤煉瓦を貼り付けている。赤煉瓦と白い花崗岩の帯を通したクラシックとゴシックとの中間的なクイーン・アン様式を基調とし、屋根にはドームを配した辰野式建築物である。

昭和20（１９４５）年の空襲で外壁のみを残し焼失するが、戦後に修復。昭和41（１９６６）年まで本店として使われた。本店の新築移転後は、府内会館として貸ホールなどに使用。平成５（１９９３）年には、大分銀行創立１００年を記念して改築され赤レンガ館となり、再び銀行支店に。そして平成30（２０１８）年３月、地域活性の拠点として新たにリニューアル。このように、数度の修復の結果、内部空間で三つの時代に出会うことができる。

一つは建設当初の赤煉瓦を使用した内装。二つ目は昭和24（１９４９）年、再建時のコンクリート製柱と化粧梁。そして三つ目は、平成５（１９９３）年の銀行支店開設時に作られた９時～15時までの日盛しかない大理石の時計である。現在、銀行業務はＡＴＭと貸金庫のみで、展示・イベントスペースのほか、カフェやショップが入る。なお当館は大分市中心部に残る唯一の洋館であり、平成８（１９９６）年、国の登録有形文化財に登録された。

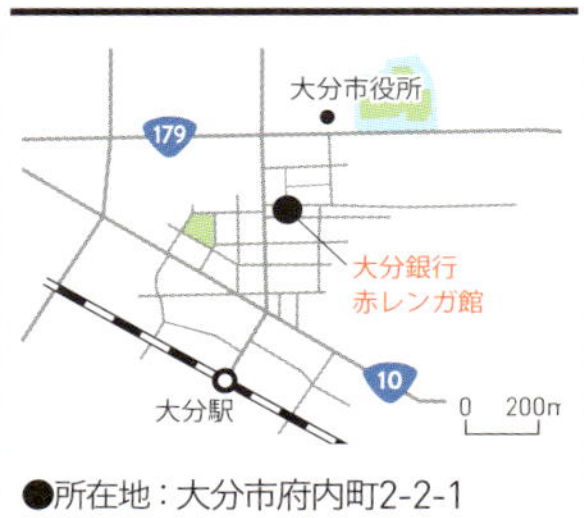

●所在地：大分市府内町2-2-1
●電話：097-538-7617
●アクセス：JR「大分駅」より徒歩約５分

＊：辰野金吾（P8）と明治・大正・昭和期、大阪で活躍した建築家・片岡安《やすし》が、明治38（1905）年に開設した建築事務所。旧日本生命保険九州支店（福岡市赤煉瓦文化館、P146）や大阪市中央公会堂（P122）などを設計した。

●写真提供：高橋映次、大分銀行

近代化への黎明期に大きな功績を果たす

建物ファサード。正面入口のアーチ頂点には、三菱のマークである「スリーダイヤ」と竣工年を記した要石がはめ込まれている。

世界遺産

長崎県
長崎市

長崎造船所史料館《ながさきぞうせんじょしりょうかん》

（三菱重工長崎造船所旧木型場）

世界最大級の戦艦「武蔵」（*1）の建造で知られる長崎造船所。その歴史は安政4（1857）年、江戸幕府が長崎鎔鉄所《ながさきようてつじょ》の建設に着手したことにはじまる（完成は4年後）。明治になり官営化されるも明治17（1884）年には三菱の経営となり長崎造船所と改称した。

日本最古、日本初の工作機械などを展示

長崎造船所に現存する最古の建物は鋳物の木型をつくる木型場。明治31（1898）年に建設された。建物は煉瓦造りで、木型場としては国内最大の規模を誇る（*2）。外壁の赤煉瓦は強度とデザイン性を備えるイギリス積み。長崎大空襲や原爆投下の爆風にも耐え、当時の姿を保つ稀有な建物である。

現在は長崎造船所史料館として技術の進歩を物語る約900点の資料を展示している。なおこの建物は、日本近代化の礎《いしずえ》となった産業遺産群「明治日本の産業革命遺産」の一つとして平成27（2015）年、ユネスコの世界文化遺産に登録された。

寛政5（1793）年にオランダ商館に注文し、41年後に到着した英国製の潜水用具。船上から空気を送る潜水服の原型のようなもので、長崎鎔鉄所建設時の岸壁工事に使用された。

現存する日本最古の工作機械「竪削盤」。安政4（1857）年、幕府がオランダから購入。

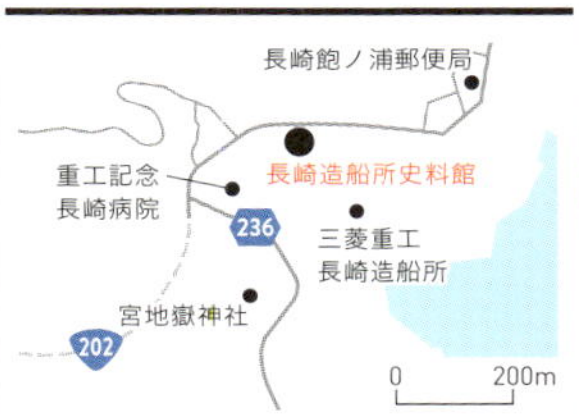

●所在地：長崎市飽の浦町1-1
●電話：095-828-4134
●アクセス：
個人：長崎駅からシャトルバス
団体：自己でバスを手配

*1：昭和17（1942）年竣工（同型戦艦「大和」は前年末の竣工）。昭和19（1944）年10月、レイテ沖海戦の際、シブヤン海で撃沈した。平成27（2015）年、フィリピン沖の海底1000mでバラバラになった船体の一部が発見された。
*2：大正4（1915）年に増築。

●写真提供：長崎造船所史料館

重文

長崎県
五島市
ほか

長崎《ながさき》の赤煉瓦《あかれんが》教会群《きょうかいぐん》

迫害を乗り越え、信者たちは祈り続けた

わが国におけるキリスト教は、天文18（１５４９）年、宣教師フランシスコ・ザビエルによって伝えられたことにはじまる。その後、キリシタン大名・大村純忠によって長崎が日本のキリスト教信仰の中心地となり、全国へ普及した。

キリシタンの受難

しかし天正15（１５８７）年、豊臣秀吉によって禁教令が発行。徳川政権に移行した慶長17（１６１２）年には本格的なキリシタン弾圧がはじまり、信者は強制的にキリスト教を棄てさせられた。

明治政府に変わっても禁教は解けず、弾圧や迫害が続いたが、諸外国から激しい非難を浴びたため、明治６（１８７３）年に信仰の自由が認められる。伝来から３２０年あまりの歳月を経てキリシタン禁制が撤廃されたのだ。こうした弾圧下にあっても信仰を続けていた信者は、仏教徒となったように見せかけながら裏では信仰を続けた。この人々を潜伏キリシタンという（*1）。

現在、長崎には１３０ほどの教会がある。これらの教会の多くは、潜伏キリシタンがキリスト教の解禁にともない各集落に建設したものである。

長崎の赤煉瓦教会は長崎の大小の島々にある。信仰の場でもあるため、見学については事前に連絡が必要なところも。まずは詳細を確認のこと。

黒島教会

佐世保の名勝・九十九島の一つ黒島に、国の重要文化財である黒島教会がある。教会堂は約44万個の赤煉瓦を使用した煉瓦建築である。

黒島には大村藩外海《そとめ》地方や平戸藩生月島《いきつきじま》から潜伏キリシタンが移住した。元治２（１８６５）年の信徒発見の際には、島内信者約６００人がカトリックに復帰したといわれる。

当初は信者の家を御堂にしていたが、明治11（１８７８）年には木造の教会堂が完成。その後着任したマルセル神父が本格的な教会を自ら設計。明治35（１９０２）年、信者た

黒島教会の内部は国宝の長崎・大浦天主堂と同じ三廊式。祭壇下に埋め込まれた約1800枚の有田焼のタイルは、マルセル神父が自ら有田まで出向き、手に入れたものだという。

*1：潜伏キリシタンに対して、明治６（1873）年に信仰の自由が認められ潜伏する必要がなくなってもカトリックに戻らず独自の形態で信仰を続けた人を「かくれキリシタン」という。

ちの献金と献身的な奉仕によって煉瓦造りの教会堂が完成した。

教会堂は間口15m、奥行32・6mで黒島特産の御影石を基礎に使った煉瓦造りおよび木造の建物である。屋根は切妻造り瓦葺き。ロマネスク風の外観で、入口の上には四角錐形屋根をもつ鐘塔が建ち、正面部分にはペディメント（*2）の下にバラ窓（*3）が設けられている。

内部は柱列によって身廊部と側廊部に分かれる三廊式バシリカ型（*4）で天井はリブ・ヴォールト、側廊と壁面にはステンドグラスがはめ込まれている。また祭壇の下には、約1800枚の有田焼磁器タイルが敷き詰められている。

田平《たびら》教会

田平教会（重要文化財）があるのは、長崎・北松浦半島の北西端。教会堂は平戸島との間にある平戸瀬戸を見下ろす高台に建つ。竣工は大正7（1918）年、鉄川与助の設計・施工による。

田平教会の歴史は、明治時代、パリ外国宣教会のラゲ神父、ド・ロ神父らが私費で荒れ地を購入、当時、黒島や外海・出津《しつ》で生活していた信者8家族を移住させたのがはじまりである。

当初は民家を仮聖堂としていたが、信者も増え、さらに大正3（1914）年に着任した中田神父が本格的な煉瓦造りの教会建設を計画。信者による献金やフランス人篤志家の寄付などで資金を調達し、信者たちの献身的な奉仕もあって完成した。

構造は木造およびイギリス積みによる煉瓦造りで、屋根は木造小屋組み桟瓦葺き。正面中央に八角形ドームをいただく鐘塔を備える。三廊式バシリカ型の長方形平面で、身廊、側廊それぞれに独立した屋根をもつ。天井はリブ・ヴォールト天井である。

五島の大曽教会（P155）と同じ様式となる教会堂は、多彩な煉瓦積みの手法や煤を塗った黒煉瓦の装飾など、鉄川が建てた煉瓦造り教会の最高峰とも評される。

また、司祭館をはじめとし、門柱、石段、石垣などが残っていて周辺の歴史的環境がよく保存されている点でも貴重な建物である。

堂崎《どうざき》教会

五島列島で最も大きな島、福江島の海辺に佇む堂崎教会は、明治6（1873）年の禁教令撤廃後、五島列島で最初に建てられた教会だ。

堂崎教会は明治12（1879）年、マルマン神父が仮の小聖堂を建てた

田平教会は教会堂（写真）のほか、司祭館や門柱、石段、石垣などが残る。周囲には墓地や畑が広がるなど、歴史的環境がよく保存されている。

堂崎教会前の広場は約6000年前の縄文時代前期の堂崎遺跡でもあり、冬から春頃にかけて天主堂横にハマジンチョウが薄紫色の可憐な花を咲かせる。

*2：破風《はふ》。切妻屋根の妻側屋根下部と水平材に囲まれた三角形の部分のこと。
*3：ゴシック建築物の正面部分にバラの花のような形にステンドグラスがはめ込まれた円形の窓のこと。
*4：建築の平面形式の一つで、長方形平面の中央を身廊とし、両側または片側に側廊をもつ。三廊式は両側に一つずつ側廊があるものをいう。

ことにはじまる。現在の教会堂は二代目で、ペルー神父が設計、野原与吉と鉄川与助が施工を担当、明治41（1908）年に完成した。

　煉瓦造り、重層屋根構成のゴシック様式平屋建て。五島初の洋風建築で他の教会建築の規範となった。煉瓦の積み方は、5〜7段の長手積みに1段の小口積みを重ねるアメリカ積みを採用している。

　内部は木造で、正面に祭壇が設けられている。椿をモチーフにしたステンドグラスから差し込む柔らかな光は静謐な空間を見事に演出している。天井はイタリアから輸入した資材で組んだといわれるリブ・ヴォールト天井である。

　堂内では、キリスト教弾圧時の様子をうかがえる資料の展示がある。

楠原教会。近くには、明治元(1868) 年の弾圧でキリシタンが投獄された楠原牢屋敷跡があり、記念碑も建っている。

楠原《くすはら》教会

　五島・福江島の楠原教会には、明治45（1912）年に建設された教会堂がある。設計・施工を担当した鉄川与助が3年の歳月をかけて完成させたものだ。イギリス積みを採用した煉瓦造り、重層屋根構成のゴシック様式など、堂崎教会の様式と同様である。信徒は30年かけて建設資金を蓄えるだけでなく、建設資材の運搬も行うなど、子どもも含め献身的な奉仕があったという。

　正面初層には3カ所の出入口、中層には高さを変えた3連のアーチ窓とブラインド窓を配している。各層間には煉瓦積みを変えた装飾帯が入り、それと直交するように控柱を突出させることで正面の垂直性を強調している。

　内部はリブ・ヴォールト天井によって伸び伸びかつ広々とした明るい空間が確保されている。

青砂ヶ浦教会。教会堂は真西を向き、春分と秋分には入口上の大小3個の窓より夕日が差し込み、祭壇を照らすという。西の海に沈む夕日によってマリア像が茜色に染まる瞬間、青砂ヶ浦教会は最も鮮やかで美しい。

青砂ヶ浦《あおさがうら》教会

　青砂ヶ浦教会（重要文化財）は、五島列島で2番目に大きな島・中通《なかどおり》島《じま》にある。教会は奈摩湾《なまわん》を臨む丘に建つ。外海から逃れてきたキリシタンがいつ頃から、ここ青砂ヶ浦に住みついたかは不明だが、明治11（1878）年頃には初代の教会堂があったという。現在の教会堂は三代目にあたり、鉄川与助の設計によって明治43（1910）年に建てられたものである。

間口11・3m、奥行23・4mの建物は、煉瓦造りおよび木造。外壁の煉瓦はイギリス積み。屋根は正面中央が高い重層屋根で桟瓦葺き。正面は3層に区切られバラ窓や縦長のアーチ窓が設けられている。また、入口左右には柱頭に葉形装飾のある円柱があり、その上部は石造りアーチとなっている。

　内部は三廊式バシリカ型で、身廊、側廊ともに天井は4分割リブ・ヴォールト天井となっている。また壁面は漆喰塗りで、側廊窓にはステンドグラスがはめ込まれている。

大曽教会は、煉瓦の色や組み方の違いによって装飾が施されている。花柄のステンドグラスは当時の西ドイツから取り寄せたもの。

大曽《おおそ》教会

中通島は、五島のなかでもカトリック信者が多い島。禁教下で外海地方から多くの潜伏キリシタンが移住したという。大曽教会は明治12（1879）年、現在の位置からやや西に教会堂を建てたのがはじまり。現在の建物は三代目にあたり、大正5（1916）年、鉄川与助の設計施工により完成したものである。教会堂は煉瓦造り重層屋根構造で、正面中央には八角ドームを載せた鐘塔がそびえる。また半円アーチの窓や色の異なる煉瓦を規則的に配置するなど意匠も凝っている。

　内部は三廊式バシリカ型。主廊・側廊ともに漆喰仕上げで、4分割リブ・ヴォールト天井で造られている。なかでも花柄のステンドグラスは鮮やかで美しい。

旧野首《きゅうのくび》教会

平戸藩領であった野崎島は、五島列島のなかでも北東部に位置する。現在、無人島になっているこの地に煉瓦造りの旧教会堂がいまも残る。

　19世紀の中頃、野崎島に移り住んだ潜伏キリシタンは野首集落、舟森《ふなもり》集落を形成。明治になり禁教が撤廃されると、信者たちはそれぞれの集落に木造の教会堂を建設した。

　その後、野首の17世帯の信者たちは本格的な煉瓦造り教会堂を造るため貧しい生活のなかから資金を捻出、献身的な奉仕によって明治41（1908）年に現在の教会堂を完成させた。設計と施工は鉄川与助。この教会は鉄川の手掛けた初の煉瓦造り教会でもある。

　煉瓦造り平屋建ての教会堂は、イギリス積みを採用したシンプルな外観ながら重厚な雰囲気を醸し出している。和瓦葺きの大屋根が身廊と側廊を覆う三廊式バシリカ型で、リブ・ヴォールト天井をもつ。

　側面には4つの窓があり、4色の花模様のステンドグラスが美しい。このステンドグラスのモチーフになっているのは椿で、強い結束という意味が込められているという。

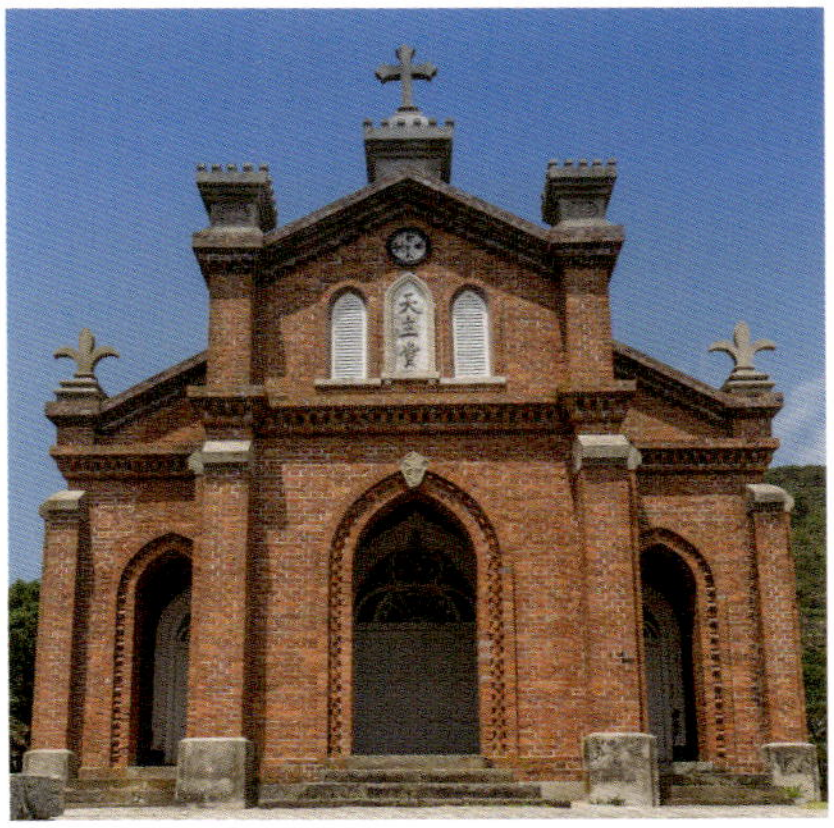

旧野首教会。昭和46(1971)年、最後の信者が島を離れ無人島となった島に、いまなお信仰を象徴する建物として誇らしげに佇んでいる。

重文

熊本県
熊本市

熊本大学《くまもとだいがく》 五高記念館《ごこうきねんかん》ほか

（旧第五高等中学校本館ほか）

明治政府は、国家の礎《いしずえ》となる人材の育成を目的に、明治19（1886）年、「中学校令」を制定。全国を五つの学校区に分け、それぞれに高等中学校を設立することを決定した。その第五区に開校したのが第五高等中学校である（後に第五高等学校に改称）。

国家を担った歴史的人物を育成、輩出

第五高等中学校の創立は約130年前、明治20（1887）年のことである。

当初は、嘉納治五郎《かのうじごろう》（*1）、ラフカディオ・ハーン（小泉八雲）、夏目漱石などが教師陣となり、以後、池田勇人や佐藤栄作など数多くの政治家、思想家、実業家や文化人を輩出してきた。終戦後の学制改革（*2）によって熊本大学に包括され、昭和25（1950）年、その役割を終えた。

熊本大学の敷地内には、「五高」時代に建てられた赤煉瓦建築が、いまも残る。

五高記念館

（旧本館）

第五高等中学校の教室棟であった本館の建設がはじまったのは開校の翌年、明治21（1888）年（完成は翌年）。山口半六、久留正道《くるまさみち》の設計により文部省の直轄工事として行われた。

建物は煉瓦造り2階建て、背面と側面には出入口に木造庇が取り付けられている。屋根は寄棟、桟瓦葺き。煉瓦の積み方はイギリス積みで、壁厚は1階が60cm、2階が45cmという堅牢な構造である。

また、建物は正面玄関部が前方に、左右両翼が前後に突き出している。突出部の角は整形した石材を算木《さんぎ》積

*1：教育者であり講道館柔道の創始者。
*2：小学校6年、中学校3年といった学校の種類と修業年限を定めた教育体系の改革。

若人が篤き心を燃やした「五高」を現代《いま》に伝える

旧本館の窓は煉瓦建築物に多く見られる上げ下げ窓。煉瓦壁との色のコントラストが美しい。

旧本館は左右対称で簡素なデザインのなかに風格が漂う。

みのような形にはめ込み、補強とともに意匠としている。全体に派手さは見られないが、庇などの装飾が美しさを演出している。日差しが強く気温も高くなるという熊本の気候に配慮して南側に廊下を設け、教室のある北側に窓を多く設けるなど配慮している。縦長の上げ下げ窓や階段の親柱（*3）には簡潔だが風格のあるデザインが施されている。

昭和44（1969）年、同時期に竣工した表門（赤門）と化学実験場とともに国の重要文化財に指定される。現在は五高記念館として第五高等学校に関する資料を展示し、内部を公開している（*4）。

旧本館正面玄関ホールの中央階段。親柱には優美なギリシア式円柱の彫刻が施されている。

旧本館に復元された当時の教室の様子。

旧本館の庇端部の飾り。細やかで手の込んだ装飾が無機質になりがちな校舎建築のアクセントになっている（左：庇正面／右：庇側面）

*3：階段・垣根、門などの両端に立つ太い柱。
*4：熊本地震の被害により長期休館中。

表門

県道337号線に面した黒髪キャンパスの表門は、赤門と呼ばれ親しまれている。旧本館と同時期の建造。煉瓦と自然石とを組み合わせた表門は、親柱と袖壁とが一体となり堂々とした印象である。当初は親柱に表札が掛けられていたが、門扉はなく（現在もない）、入ると「サインカーブ」と呼ばれる道が本館まで通じている。

なお、夏目漱石が詠んだ句に「いかめしき　門を入れば　蕎麦の花」という作品があるが、ここでいう門とは、この表門のことである。

五高で教鞭をとった教授陣や後世に名を残した著名人が、この表門を通って本館へと通っていた。

化学実験場

旧本館を手掛けた山口半六の設計で、明治22（1889）年に完成した。煉瓦造り平屋建て。西日を避けるように西側に廊下を設けている。また旧本館同様、手の込んだ細やか

赤煉瓦に安山岩をポイントで使った化学実験場。隣接する旧本館同様、庇付き。

化学実験場のドラフトチャンバー。当時、こうした設備を採り入れたことに近代教育への期待の高さが感じられる。

化学実験場の階段教室は、教壇を見下ろす階段状の教室。背後、側面に窓が設けられ、明るく爽やかな印象を受ける。

化学実験場の庇。手の込んだ細やかな装飾がリズミカルな印象を与えてくれる。

な庇の装飾が美しい。内部には階段教室、薬品室、実験室が並んでいる。また当時の実験室の設備としては最新の排気装置ドラフトチャンバー（*5）を備えている。旧制高等学校の化学実験場として完全な形で残っている唯一の建物であり、平成26（2014）年には日本化学学会の化学遺産に認定された。

工学部研究資料館
（旧熊本工業高等学校機械実験工場）

明治41（1908）年、旧熊本高等工業学校の機械実験工場として建てられた煉瓦造りの建物である。熊本大学に引き継がれて工学部中央工場と改称、昭和45（1970）年に新工場が完成するまで実験工場として使用された。

現在は資料館として活用（*6）。館内には、明治から大正期にかけて購入した11台の工作機械が現在も動く状態で保存（「動態保存」という）され、平成6（1994）年に、建物とともに国の重要文化財に指定されている。

（上）工学部研究資料館（旧機械実験工場）。工作機械の使い方を学び身体で覚えることで、技術者として訓練される場であった。
（下）旧機械実験工場の天井は高く、重量のある機械や材料を吊り下げて移動させる走行クレーンが残っている。

表門前の道路を渡ると文書館（旧書庫）がある。大学の歴史や、地域に関する資料などを収集・保存している。

文書館
（旧熊本高等工業学校書庫）

文書館として利用されている煉瓦造り2階建ての建物は、旧熊本高等工業学校の書庫だった。

国の重要文化財に指定されてはいないものの、明治41（1908）年頃に建築された歴史的建造物である。

旧第五高等中学校の敷地は5万1300坪あまりと広く、創立当初、土地購入費と建設工事費は総額10万円に上った。

熊本県が支払ったのはそのうち8万円。残りは、旧藩主・細川護久からの寄付1万円を含む地元有志の寄付金でまかなったという。

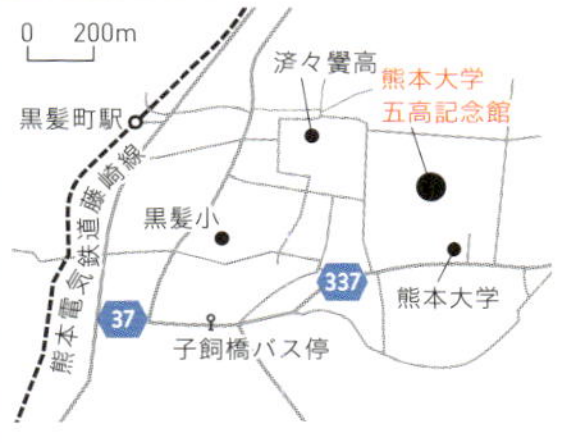

●所在地：熊本市中央区黒髪2-40-1
●電話：096-342-2050
●アクセス：JR「熊本駅」からバス「子飼橋」下車、徒歩約10分

*5：実験室内で有害物質などを安全に取り扱うための局所的排気装置。
*6：熊本地震の被害により、定期一般公開を中止している。

●写真提供：熊本大学五高記念館

日本の最も美しい
赤レンガの名建築

2018年10月1日　初版第1刷発行

著者　歴史的建物研究会

発行者　澤井聖一
発行所　株式会社エクスナレッジ
〒106-0032
東京都港区六本木7-2-26
http://www.xknowledge.co.jp/

[問合せ先]
編集　Tel 03-3403-1381
Fax 03-3403-1345
info@xknowledge.co.jp
販売　Tel 03-3403-1321
Fax 03-3403-1829